Vadim, le plaisir sans remords

Clément Ghys

Vadim, le plaisir sans remords

Stock

Photo de bande : © Roger-Viollet

ISBN 978-2-234-08100-0

« Un nom, c'est tout ce qui reste bien souvent pour nous d'un être, non pas même quand il est mort, mais de son vivant. »

Marcel Proust, *Le Temps retrouvé*

Cinq femmes sur la photo

Elles sont toutes en noir. Assises les unes à côté des autres, sur deux chaises rassemblées. Elles s'y entassent, comme s'il fallait qu'elles soient toutes sur la photo, qu'on les voie bien. L'une a une écharpe grise, une autre un fichu fleuri sur la tête et un gilet de laine aux motifs clairs. Les yeux sont embués, mais elles sourient. Elles ne forcent pas la joie, ça les amuse d'être comme ça, serrées, en brochette, pour marquer le coup. Il ne manquerait plus qu'une d'elles lance un bon mot pour qu'elles se tordent.

L'image est une photo de famille ; elle a été prise dans la soirée du vendredi 18 février 2000, après l'enterrement de Vadim. Il est mort la semaine précédente, le 11 février, à 12 h 30. Jane Fonda, assise, qui fixe l'appareil. Dans l'ordre, de droite à gauche, Marie-Christine

Barrault, Catherine Schneider, qui possède la villa de Saint-Tropez où la scène a lieu, Annette Stroyberg et puis Brigitte Bardot. Un peu en retrait de ce banc improvisé, une chaise de bois clair laissée vide. Ce siège où personne n'est assis, où on imagine que, si quelqu'un s'y était posé, il sourirait comme les autres, a-t-il été laissé là au hasard ? Les photos de famille ne sont pas des mises en scène. Elles sont improvisées, mais on y voit tout, comme s'il y avait un scénariste, un décorateur, un chef opérateur, comme si c'était du cinéma.

Quelques heures plus tôt, ces cinq femmes étaient au cimetière marin de Saint-Tropez, rassemblées autour d'une tombe. On y avait placé un cercueil et puis une plaque de marbre beige, gravée : « VADIM PLEMIANNIKOV 1928-2000 ». De l'église, le convoi funéraire avait marché jusqu'à l'inhumation, accompagné par des musiciens tziganes. Le maire, Jean-Michel Couve, avait promulgué un arrêté interdisant la circulation sur le port, par où il faut passer pour frôler le rivage, la Ponche, et atteindre le cimetière. Longeant ce cortège musical, triste, féminin, des curieux, Tropéziens ou touristes. Certains étaient venus exprès, d'autres par hasard, parce que la route était bloquée, parce que ce genre d'événements, ça change du quotidien. Tous étaient silencieux, impressionnés par le spectacle.

Ce n'était pas les mêmes personnes, quatre jours plus tôt, devant l'église de Saint-Germain-des-Prés à Paris, mais c'était la même foule. Une masse de gens, agglutinés sur la place. Pour quoi ? Pour accompagner dans le dernier voyage, ont dit les JT. Ou pour voir des stars. Un peu des deux. Les obsèques des célébrités sont des recueillements publics, des moments vachards, émus et voyeurs. Les vedettes, les spectateurs les ont faites, accouchées, aimées. C'est grâce à eux, tout ça. Ils ont le droit, eux aussi, à cette mondanité mortuaire, même parqués derrière des barrières métalliques de manifs ou de défilé de 14 Juillet. À Paris, ils ont vu Catherine Deneuve, manteau noir et châle rouge noué sur la tête, lunettes de soleil fumées. Marie-Christine Barrault, évidemment. Et Anouk Aimée, Fanny Ardant, Nadine et Marie Trintignant, Annie Girardot, Danièle Thompson, Francis Huster, Jean-Pierre Cassel, Guy Béart, Daniel Gélin, Jérôme Seydoux, Daniel Toscan du Plantier, Robert Hossein, Pascal Thomas, Philippe Séguin, Jean Tiberi ou Jacques Toubon. Voilà pour la dernière cérémonie, chapeau, l'artiste, et au suivant.

La cérémonie à Saint-Germain-des-Prés, le cortège dans Saint-Tropez, c'était public. Voilà qu'elles sont entre elles, ces cinq femmes, blondes, la soixantaine, que « VADIM PLEMIANNIKOV 1928-2000 » a aimées et qui posent pour une photo. Dans la pièce, le reste : famille, petits-enfants, proches... C'était inédit de les prendre en photo ensemble. Elles se connaissaient toutes, s'appréciaient, parfois beaucoup, mais cette image ne s'était jamais faite avant. Quand elles étaient plus jeunes, les magazines en rêvaient, de ce cliché-là. On le lui ressortait chaque fois, à Vadim, ce quintette. Il fallait qu'il en parle, c'était son fait de gloire. Le voilà mort, et la photo a été prise.

Cette image, je l'ai vue. J'avais quinze ans, et elle était là. Pas en face de moi, mais sur les bords de mon champ de vision. Dans un exemplaire de *Paris-Match* que je n'avais pas lu, dans les quelques minutes d'un hommage télévisé que je n'avais pas regardé, dans les conversations que je n'avais pas écoutées, pas intéressé par la nécrologie d'un homme dont la mort m'informait de son existence. Cette image était partout et nulle part, publique et intime. Elle était à moi et à beaucoup d'autres. À cette famille, évidemment, à ces cinq femmes assises et souriantes, et puis à tout le reste : à tous ceux qui se sont offusqués des frasques d'une bande de fêtards de Saint-Tropez, qui ont détesté lire dans un magazine que des êtres, pas forcément plus malins, mais plus libres, s'amusaient follement. À celles et ceux qui ont adoré ses films et les ont oubliés, à ceux qui se sont affligés de les voir, qui ont essayé de les interdire, qui ont empêché leurs enfants de les regarder, qui les ont trouvés tellement mauvais que ce n'était pas possible de faire une chose pareille, que ce n'était pas du cinéma. À ceux qui ont voulu l'imiter, cet homme, dans sa nonchalance, parfois en ne connaissant rien de lui. À tous ceux pour qui ce nom, Vadim, disait vaguement quelque chose.

Un personnage

Je m'accroche aux branches du romanesque. J'en traque les restes. Autour de moi, tout s'effondre, ou donne l'illusion. J'ai à peine trente ans, et partout, j'entends que plus rien n'a de sens. Tout est perdu ? Je n'en sais rien. Je ne peux voir que la patine qui a couvert le monde d'hier. Devant moi, les personnages, splendides ou minables, d'un grand roman. Roman national, roman culturel, roman d'aventures. Ai-je d'autre choix que de m'y jeter et d'en être un lecteur ? D'accord, mais à condition d'en déchirer les pages et d'en faire des avions de papier.

Je ne demande pas l'autorisation, je n'ai qu'une chose à faire, me saisir du réel, de cet enchaînement de dates et de faits, et trouver quelque chose à quoi m'accrocher. Je crois aux détails. À la fête que donna un couturier le 10 septembre

2001 à New York, et à ses invités qui se couchèrent avec l'impression d'avoir tout vu. À ces jupes qui raccourcirent entre la fin des fifties et le début des sixties grâce à Mary Quant ou André Courrèges, personne ne sait. Aux apparitions d'un film ou d'une photographie que des adolescents ont punaisée ou mise en fond d'écran de leur téléphone. À ces êtres frivoles, à ceux qui rentrent en pleurant d'une soirée mondaine, froissés d'un bon mot. À l'impression qu'une actrice nous a laissée quand, enfant, on a vu son interview à la télévision et qu'elle nous a permis d'entrevoir un autre monde.

J'en ai fait mon travail. Je suis journaliste. J'écris sur le cinéma, la mode, la photographie, les personnalités, l'art... Sur le papier, la tâche que me donne mon employeur est simple, privilégiée : suivre l'actualité de mon secteur, aller chercher dans un film ou une exposition des signaux qui clignotent et disent quelque chose de notre temps. C'est agréable. Je me dois de connaître les livres qui sortent, les films dont on parle, les expositions importantes, les créateurs de mode à suivre. Ce milieu où se fabrique l'époque, je le côtoie. J'y ai ma place, dans les festivals, défilés, bars ou dîners. Branchitude, hype, je ne sais pas comment l'appeler, mais en tout cas, j'y vis. Je suis journaliste pour endosser un rôle dans ce monde. Un peu comme certains se mettent à fumer pour trouver de quoi occuper leurs mains. J'observe l'époque, parce que je ne sais pas quoi y faire. Je suis en recherche. De l'actrice du moment, du lieu où il faut aller, du film qui synthétise nos angoisses, du roman où les mutations du monde se lisent.

Et quand une nouveauté arrive et en chasse une autre, je n'arrive pas à oublier les rebuts. La comédienne prometteuse d'il y a cinq ans, les bars où il fallait se presser quand je me suis installé à Paris. Les nuits d'insomnie, je les passe à lire des génériques de films anciens. Je consulte les échos des soirées mondaines passées, les galeries de photos d'invités. J'y vois la légèreté et la beauté fossilisées. Ce romanesque-là, je n'ai pas à creuser pour le découvrir. Il me saute aux yeux.

Une collègue me suggère d'écrire un livre sur Vadim. L'idée m'intrigue. J'en parle autour de moi. Surprise, encouragements ou désapprobation, mais toujours le même constat : « C'était un personnage. » J'y repense et puis je chasse l'idée. Elle revient, elle se cramponne. Je cherche des images de Vadim. Sur YouTube, Google Images, ou dans le stock de films de l'INA, défilent une multitude d'images. Je vois des portraits de lui, rarement seul, souvent avec des femmes : Brigitte Bardot, Catherine Deneuve, Jane Fonda, Annette Stroyberg… On y voit la France d'hier, un pays qui, comme l'Italie ou le Royaume-Uni, rayonnait sur l'Europe entière. Pas seulement économiquement, politiquement, mais aussi par sa futilité, ses variétés. La phrase revient souvent dans les mentions d'*Et Dieu… créa la femme*, son premier film : « Suite à sa sortie, le film fit davantage de recettes que la régie Renault. » Un mambo fou dans un bar de Saint-Tropez a rapporté plus d'argent que des bagnoles. Les jambes de Bardot, le dos d'Annette Stroyberg, le visage de Deneuve, Jane Fonda en tenue intergalactique, la danse effrénée des *Liaisons dangereuses*, l'affiche du *Repos du guerrier…* À côté des images de lui, des captures d'écran d'actualités de l'époque. Je lis les traces des scandales d'hier, aujourd'hui gentillets, d'un désir érotique. Ces images sont des instantanés, des moments arrachés. Elles étaient légères, le temps les a alourdies.

Tout s'éclaire. Je comprends enfin pourquoi la vie de Vadim se cramponnait ainsi à moi. Ces gens et lieux après qui je cours aujourd'hui seront un jour remplacés par d'autres. Et, comme je n'oublie pas la starlette d'il y a cinq ans, je veux saisir la vie de celle d'il y a cinquante ans, voir ce qu'il y avait de si formidable dans telle boîte de nuit. Dans cette période d'insouciance autoproclamée qu'a été l'après-guerre à Saint-Germain-des-Prés, j'aurais pu piocher d'autres personnages présents autour des mêmes tablées.

Les célébrités: Françoise Sagan, Juliette Gréco... Ou d'autres moins connus: Jacques Chazot, danseur et mondain, Charlotte Aillaud, sœur de Juliette Gréco et figure magnifique, Bernard Frank, journaliste et écrivain qui m'a toujours paru si sympathique, ou encore Annabel Schwob, un temps très proche de Gréco, puis épouse de Bernard Buffet, romancière et chanteuse... Je pourrais en citer beaucoup, de ces noms qu'on retrouve dans les notes de bas de page ou les légendes des photographies. Mais je choisis Vadim. J'aime trop les éclats de la culture pop, le clinquant des éclairages des films, le glaçage du papier des magazines.

Vadim a été une sensation. Pas pour ma génération, mais pour celles qui m'ont précédé, pour celle de mon père, pour les hommes nés à un moment des années cinquante. Pendant à peine deux décennies, son simple nom a été une promesse de corps, de désirs, de femmes. Comme un Hugh Hefner, créateur de l'empire *Playboy*, acclimaté au climat européen, il a créé un monde de plaisirs, a juré que c'était possible. Il suffisait d'entrer dans une salle de cinéma ou de feuilleter une revue. Et certaines jeunes filles ont voulu ressembler à ces déesses accessibles, se sont teintes en blond ou coiffées en choucroute.

Je suis l'enfant de cette génération d'observateurs, de ceux qui, les yeux écarquillés, regardaient ce monde léger, mais nouveau. Ces désirs sont aujourd'hui comme des photos jaunies, des meubles en Formica, de l'argot daté. On me dit que je regarde trop le passé, mais la trame flotte encore. Nous n'avons pas remplacé les modèles. À Tokyo ou Paris, on diffuse encore les chansons de Bardot. À Los Angeles ou New York, on maquille les jeunes mannequins comme elle, ou bien comme Deneuve. Dans les studios des marques de fringues, on dessine nos habits avec des images de play-boys ou de it-girls sixties punaisées aux murs. Je dois comprendre ce monde si parfait qu'il ne souffre pas de renouvellement. Aller à la source et, sans admiration ni haine, chercher des clés. Me promener entre les statues de la culture populaire française, les Marianne que sont Bardot et Deneuve ou les figurines oubliées, pour leur redonner vie. Me choisir une place dans ce bal immense, observer l'un de ses acteurs et ne plus le lâcher des yeux. Il est aux premières loges, tant mieux.

Roger Vadim est né en 1928 et mort en 2000. Il a réalisé vingt-trois films, signé des téléfilms, écrit des scénarios, mis en scène du théâtre. Il a publié trois autobiographies et deux romans. Voilà la note technique. Ses films ne sont pas tous très bons, rarement édités en DVD. C'est une évidence : la postérité n'est pas excellente. Le chiffre même de vingt-trois films surprend. Il y a un film, *Et Dieu… créa la femme.* Et puis quelques autres : *Les Liaisons dangereuses*, *Barbarella…* On les diffuse encore parfois, et on les regarde amusés. C'est suranné, curieux même. Du cinéma sans moelle. Aujourd'hui, c'est frappant. Mais à l'époque, il y avait autre chose qui passait avant le reste : Vadim lui-même.

Et il le savait. À l'automne 1999, il est à l'hôpital de la Pitié Salpêtrière à Paris. Il va mourir. Ses proches sont là. Le médecin entre dans la chambre. Il lui explique que tous les moyens d'enrayer le cancer du thymus qui le ronge, et qui s'est généralisé, ont été inefficaces. Il en a pour quelques semaines. Lui dit : « Je ne suis plus Vadim. » Vadim, ce grand corps recroquevillé et affaibli dans un lit ? Non. Vadim, c'est autre chose. Il le sait, comme tout le monde, ses proches surtout, mais aussi tous ceux qui l'ont croisé, qui ont vu ses films ou lu les milliers d'articles sur lui.

Vadim. Le nom évoque un jeune homme tout mince au volant d'une Ferrari argentée, la 250 GT California de 1961, d'un bateau Riva Aquarama dans la baie de Saint-Tropez, qui fait des batailles de gâteaux à la crème avec Françoise Sagan, danse toute la nuit et drague. Vadim, c'est le Diable des magazines et des speakerines, venu dévergonder la jeunesse européenne. Des chemises à pois dans des costumes à larges revers, des cigarettes, des whiskies et des grosses lunettes. C'est tout ce qu'on déteste, et tout ce qu'on veut vivre. Un réalisateur qui a permis à la Nouvelle Vague d'embrayer son moteur. C'est Paris, Malibu, Rome. L'homme qui aimait les femmes, celui qui les pervertissait. Celui qui les a fait tourner, qui les a révélées, qu'elles ont quitté. L'homme dont les films affolaient tellement les bonnes sœurs qu'elles maraudaient autour des cinémas pour interdire à leurs élèves de rentrer, sous peine d'excommunication. Les deux mamelles de la ridicule douceur de vivre d'alors : Saint-Germain et Saint-Tropez. L'insouciance, le fou rire. Les bides, les critiques qui ricanent. Les filles nues, les boîtes de nuit, les casinos, d'autres filles. Et puis une époque qui change et des êtres qui ne sont plus de leur temps, et qui s'éclipsent.

J'établis un catalogue mondain, artistique, culturel. Une vingtaine d'années d'insouciance, entre la fin des années quarante et celle de la décennie soixante. La nonchalance d'une époque. Je crois que Vadim me glisse entre les mains, que des personnalités moins datées vont le supplanter. Mais, au fur et à mesure que je m'immerge dans ces images, apparaît Vadim, totem magnifique de son temps. Je m'en fiche, des mauvais films, de certains dialogues, des tenues. Je ne vois plus que lui, je le cherche dans les coupures de vieux magazines qui s'accumulent sur mon bureau, dans les vidéos en noir et blanc, dans tous les événements importants ou les détails. Je devine qu'il me regarde. Amusé et tendre, il me fixe en train d'essayer de le saisir, lui et son personnage, ses succès et son déclin. Avec ses yeux doux, il se marre. De la vie, Vadim avait choisi de sourire.

Le balancier du bonheur

Alors, je vais écrire sur la vie de Vadim. Quelqu'un dont j'ignore tout. Je n'ai que ce nom qui résonne. Je vais fouiller dans les archives, rechercher des anecdotes, retracer les axes de sa vie, en quête d'un moyen de m'y frotter. D'emblée, j'ai une piste : le bonheur. Je ne vais pas chercher très loin. Vadim l'a dit, écrit et filmé. Il ne pensait qu'à ça. Sa troisième autobiographie, écrite au moment doux où il vivait avec sa dernière épouse, Marie-Christine Barrault, s'intitulait *Le Goût du bonheur.* C'est bien joli, mais qu'est-ce que je peux en faire ? Je décide de chercher ce qu'est le bonheur d'un enfant français des années trente, d'un adolescent pendant l'Occupation, d'un jeune gars du Saint-Germain-des-Prés de l'après-guerre, d'un adulte pendant la révolution des mœurs des sixties, d'un homme désabusé du succès.

À peine me suis-je saisi du sujet Vadim que surgit un écueil. Ne viennent que des lieux communs. Vadim avait la *joie de vivre*. Il cultivait l'*insouciance*. C'était un *dilettante*. Quant à sa *désinvolture*, n'en parlons pas. Comme s'il manquait une couche de malheur, de saleté, à tout cela. Comme si c'était trop simple, qu'il fallait que les choses soient complexes pour être belles. Je repense à l'un des aphorismes implacables de Sagan : « Pour moi, le bonheur, c'est d'abord d'être bien. » Les nœuds dans la tête, la complaisance dans la mélancolie, voire l'injonction au malheur, je dois les délaisser.

Le bonheur de Vadim, c'était les femmes, les nuits, les voitures, ses enfants, les films aussi, parfois, les livres. Il travaillait beaucoup, mais souvent en secret, comme pour ne pas entacher cette légèreté dont son nom était synonyme. Il avait décidé d'être heureux. Et il a réussi.

Est-ce qu'un jour on se dit, comme on veut acheter une chemise ou des cigarettes, « à choisir, je prends le bonheur » ? Je n'en sais rien. Vadim disait qu'il était toujours au bon endroit. Il a raconté tant d'anecdotes qui le plaçaient systématiquement là où il fallait être. Comment devient-on ce personnage ? En écrivant sa vie, en l'inventant. Pas comme un mythomane, mais comme quelqu'un qui sait, dès l'enfance, que les choses se convoquent, qu'il faut chambouler soi-même les étiquettes. Et la première d'entre elles, c'est le nom. Il est amusant de se dénicher un aïeul célèbre, les sites Internet de généalogie pullulent de descendants de Charlemagne, de Catherine de Médicis ou de César. C'est imprécis, crétin, mais dans les familles, c'est une histoire qui se raconte. On s'amuse à trouver, dans tel trait de caractère du petit dernier, défaut ou grandeur d'âme, les traces d'une éventuelle filiation.

En russe, « Neveu » se dit « plemyannik ». Dans la famille Plemiannikov, on descend de Gengis Khan, rien que ça. À sa mort, l'empereur mongol aurait réparti ses biens, terres et peuples entre ses fils et ses neveux. L'oncle illustre donna à ses descendants le nom de Plemyannik, et baptisa ainsi une famille de l'aristocratie russe. Le 6 septembre 1904, à la naissance d'Igor Plemiannikov, à Kiev, alors dans le giron de la Russie des tsars, son monde n'a plus qu'une dizaine d'années à vivre : domestiques, riches demeures, panache, réceptions, voyages et gouvernantes, tout cela sera balayé par la Révolution. Igor est adolescent quand il s'enrôle, en 1920, dans l'armée du général Wrangel, groupes de Russes blancs bataillant contre les rouges dans le sud du pays, tentant de rétablir un pays englouti. La débâcle arrive vite. Igor est arrêté, condamné à mort, et s'évade la veille de son exécution. Varsovie, Paris et Nice, alors des refuges de grands-ducs et princes qui vivent sur les restes, quand ils ne sont pas chauffeurs de taxi, épiciers ou serveurs. Il est naturalisé français, survit un temps avec quelques économies familiales, puis joue du piano dans des bars de nuit. Le premier prix de conservatoire en Pologne n'aura pas servi à rien. Il s'inscrit en Langues O, avec l'ambition de devenir un diplomate de cette République française qui le fait rêver, lui, ce jeune aristocrate qui ne s'enorgueillit jamais de son titre, au point qu'il le cache. Dans la liste des naturalisations du *Journal officiel* du 22 juillet 1928, entre les noms de Iaroslav Friedrich, valet de chambre né à Shargorod, en Russie, et Albert Sulema, employé de commerce né à Salonique, en Grèce, se trouve celui d'Igor Plemiannikov, étudiant. Un nouveau citoyen français.

Ardilouze est un nom qui vient de moins loin, du Lot-et-Garonne. « Terre argileuse », « gros caillou », les interprétations varient. Quoi qu'il en soit, c'est le patronyme d'une famille enracinée dans le sud de la France, dans la langue d'oc. Les garçons font ce qu'ils veulent, tant qu'ils respectent le père. Les filles ne font rien de ce qu'elles veulent, c'est ça, respecter le père. Le 8 novembre 1904, Marie-Antoinette Ardilouze naît à Marseille. En 1920, alors qu'Igor bataille contre les bolcheviques, elle fait la tournée des bals populaires, traîne devant les studios de cinéma niçois, où, parfois, l'une de ces jeunes filles se fait repérer et passe un bout d'essai. Le Sud est alors rouge, la jeune femme n'est pas hostile au communisme, dès lors qu'il offre un espoir de libération aux filles. Il s'agit de prendre sa vie en main, de trouver au plus vite une échappatoire. Ce sera un millionnaire belge, Victor de Amandel, qui lui promet le mariage et un accès express à la majorité légale. Marie-Antoinette déchante vite dans la grande-bourgeoisie, s'ennuie dans les réceptions et demande le divorce. Elle a une vingtaine d'années et débarque à Paris, s'inscrit aux Langues O, dans le département de russe.

Il est le descendant d'un univers englouti, elle rêve d'un nouveau monde. Il a combattu les communistes, elle les apprécie. Ils s'installent ensemble au 59, rue du Cardinal-Lemoine, dans le 5e arrondissement. Dans leur enquête *Ils sont devenus français. Dans le secret des Archives* parue en 2010, retraçant les origines diverses de personnalités intrinsèquement hexagonales, les journalistes Isabelle Monnin et Doan Bui consacrent quelques pages à la naturalisation d'Igor, en tant que futur père de Roger Vadim. Elles décrivent les aléas du processus. Et notamment le fait que la naturalisation d'Igor a été ralentie par un mariage, célébré le « 11 août 1924 à Brest Litovsk (actuelle Biélorussie) », avec une femme dont il serait séparé. Igor aurait donc vécu à la colle avec Marie-Antoinette. À la fin des années vingt, la chose est rarissime. Elle n'est pas encore moderne, juste scandaleuse, mais pour nous, elle est un signe de la liberté du couple, de cette famille. Le 26 janvier 1928, à 21 heures, naît, à leur domicile, leur premier enfant, un garçon. Ils veulent l'appeler Vadim, mais, quand Igor vient le déclarer, le 28 janvier à 17 h 30, Georges Dardanne, « chevalier de la Légion d'honneur, adjoint au maire du cinquième arrondissement de Paris » (selon l'acte de l'état civil), refuse de donner un nom étranger à un bébé français. Ce sera donc Roger, en référence à un ami du couple. Roger Vadim Plemiannikov. Mais pour tout le monde, ce sera Vadim. Et Vadim, ça sonne déjà comme un personnage de roman.

Le bonheur est là, doux, confortable et aveugle au monde. Le 24 janvier 1930, Igor et Marie-Antoinette se sont mariés à Montrouge. Vadim et sa petite sœur, Hélène, seront donc des enfants légitimes. Quelques jours plus tard, Igor reçoit le diplôme des Langues O. Il maîtrise l'arabe littéral, l'arabe maghrébin, le persan et le turc. Il devient secrétaire interprète d'Orient de troisième classe, et est nommé au consulat général d'Alexandrie. Vadim vit choyé comme le sont les enfants de diplomates. Le consulat est un antre merveilleux. Quand ils en sortent, ils croisent dans la rue des condamnés à mort assassinés en place publique. Un gosse ne comprend pas ces choses-là. L'Égypte est agitée, on commence à en vouloir aux Européens qui occupent le pays. Retour en France, puis destination la Turquie. En janvier 1933, il est chargé de la chancellerie du consulat de Samsun, sur la mer Noire. Puis il est nommé à Mersin, en face de Chypre. Le consulat français est un ancien couvent, vidé de ses nonnes, transformé en bâtiment républicain et laïc. L'enfant est vif, rieur. Avec sa sœur, ils font de ce consulat un terrain de jeu, jouent avec les bonnes, regardent les adultes qui sont toujours plus tendus. Igor doit représenter la France, dont la politique est d'être partout comme si on était dans une colonie. On en veut aux Français. Un jour, Vadim et Hélène sont kidnappés, emmenés dans la maison d'un protestataire. On leur donne des loukoums et du halva. La situation se règle très vite. Vadim est déçu quand il doit rentrer chez lui, où les sucreries sont plus rares.

Pendant leur séjour en Turquie, Marie-Antoinette et Igor adoptent l'enfant qu'une cuisinière a abandonné, prénommé Jessie et surnommé Baby Gullu.

L'enfance s'anéantit un jour de juillet 1937. La famille est en vacances dans un chalet en location de Morzine, en Savoie. Le père est attablé et tombe. D'un coup, il s'évanouit. La famille hurle. Il meurt le lendemain. Ce héros superbe, Vadim ne l'aura quasiment pas connu. L'enfant vif et rieur ne perdra jamais ces qualités. Mais désormais, il saura que le bonheur peut ficher le camp à chaque instant. Et il en profitera, rira de tout, y compris de ses propres malheurs, cherchera à être heureux coûte que coûte. La famille passe, comme le racontera Vadim plusieurs fois, « des *Mille et une nuits* à Émile Zola ». Igor n'ayant pas réglé toutes les échéances de son assurance-vie, ils n'ont quasiment rien. Marie-Antoinette a pour seule possession des tapis persans rapportés de Mersin. Elle en vend un, en attendant. Puis un autre. Et part, ses trois enfants sous le bras, demander de l'aide aux proches, amis et famille. D'abord à Alès, puis à Mandelieu-la-Napoule, dans le quartier de Minelle. Les petits boulots s'enchaînent, les enfants doivent y mettre du leur, cueillent des fruits et s'en contentent comme repas. Marie-Antoinette devient tisserande, sténotypiste, ouvrière, donne des cours de français. Puis ils refont leurs bagages, partent pour Toulon. Vadim sillonne le coin à vélo, partant dans l'arrière-pays ou longeant la côte. Hyères, Le Lavandou, La Ciotat, Sainte-Maxime, Saint-Tropez.

Les tapis persans sont tous vendus. Il faut survivre et c'est impossible en ville. Alors Marie-Antoinette repart. Direction la Savoie, là même où son époux est mort. Elle s'installe près de Morzine, aux Gets, en Haute-Savoie, dans le hameau des Folliets. Vadim est envoyé au collège à Nice, mais reviendra vite, grâce à une fugue. Coupés du monde, les Plemiannikov se démènent pour être heureux. La mère loue une ferme qu'elle transforme en auberge de jeunesse. Dans l'hebdomadaire *Marianne*, elle fait passer une annonce en juin 1938 : « Hte-Savoie, alt. 1350. Famille prendr. enfants, pens., soins maternels, prix modér. Écr. Mme Ardilouze, 9 r. Turbigo, Paris. » Arrivent des jeunes gens qui veulent profiter de la montagne, ou apprendre le métier d'aubergiste. Vadim croise Yves Robert, le futur metteur en scène. Mais, la guère éclatant, en fait de personnes désireuses d'air pur, la maison accueille surtout des réfugiés. Des Juifs traqués ou des réfractaires au STO qui veulent passer en Suisse à dix kilomètres. L'enfance est définitivement finie. Vadim voit les yeux de ceux qui ont tout quitté. L'adolescent aide certains d'entre eux à passer. Beaucoup font payer les évadés, pas lui. Il leur demande juste si, une fois libres, ils pourront lui envoyer par la poste du lait concentré et du chocolat.

Mais il voit aussi ceux qui épient par la fenêtre et dénoncent le voisin, ceux qui font passer des petits mots à la milice. Un dimanche, il est à vélo avec un ami. Le copain est d'une famille catholique, il est habillé pour la messe. Pas Vadim. Ils arrivent au village. Des Allemands, aidés par des miliciens, mettent les hommes d'un côté, les femmes et les enfants de l'autre. Vadim a l'allure d'un gosse et est dirigé vers la seconde partie, son ami ressemble à un adulte. Il sera exécuté, comme tous les autres hommes. À Morzine, aux Gets et aux Folliets passent des familles pour quelques semaines. Ou bien des enfants aux noms très franchouillards sont inscrits. Ce sont des Juifs. Une petite fille, Françoise Durand, est dans sa classe, au cours Rossi. Elle est si belle, il est fou d'elle. Ils s'embrassent. Un baiser d'enfants, qui transporte Vadim. Son vrai nom est

Nicole Dreyfus. Elle sera actrice sous le nom d'Anouk Aimée.

Et le bonheur repart ainsi, par bribes, baisers volés et blagues de gosses, déménagements ou rencontres. Une amie de Marie-Antoinette lui demande d'accueillir un jeune homme, un résistant qui veut passer en Suisse, Gerald Hanning, né en 1919. Il est résistant, architecte, proche collaborateur de Le Corbusier. Il doit rester quelques semaines, il y passera des années. Marie-Antoinette a une quarantaine d'années, mais ils forment un couple. En lui Vadim trouve à la fois un grand frère et un nouveau père, un ami très drôle, adepte de l'humour surréaliste. Marie-Antoinette et Gerald se marient. Vadim entend leurs gémissements de plaisir. Il ne s'en émeut pas. La vie est dure, mais une famille étonnante se crée. Une famille reconstituée, un couple parental avec une différence d'âge, des enfants, dont un adopté. Des visiteurs de quelques jours avec qui les liens sont forts. Il faut contenir les sautes d'humeur de Marie-Antoinette, adepte de coups de colère et de situations ubuesques. Chaque fois, ça finit en fous rires. Mais la bulle du chalet des Folliets n'est pas très étanche. Les rumeurs circulent sur les activités de la ferme. La milice menace. Il faut partir.

Paris est toujours occupé quand ils y arrivent. D'abord chez les grands-parents maternels, rue de Turbigo. Gerald Hanning demande de l'aide à Le Corbusier. L'architecte connaît des riches Suédois qui vivent square du Docteur-Blanche, dans le 16e arrondissement. Ils sont rentrés à Stockholm, la maison est vide, la famille s'y installe. Vadim se souviendra d'une villa de trois étages, construite par Robert Mallet-Stevens. En réalité, il s'agit certainement d'une architecture de Le Corbusier, qui avait beaucoup construit dans la rue en question, et où siège aujourd'hui la fondation à son nom, Vadim confondant sûrement avec la rue voisine, quasiment intégralement construite par Mallet-Stevens. Bref, un décor luxueux, mais qu'en faire ? Les voilà à compter les tickets de rationnement dans une cuisine immense, avec rien à cuire dans les grands fours. À déballer leurs valises amochées dans des armoires prévues pour smokings et robes du soir. Le week-end, direction la Normandie pour trouver des œufs, du lait, et rapporter de quoi manger. Vadim dort dans une grange, une jeune femme vient le rejoindre. Ils font l'amour. C'est sa première fois. Le bonheur devient synonyme de plaisir.

Les fugues adolescentes, les virées dans la neige, c'était formidable. Mais avoir dix-huit ans à Paris, où personne ne l'attend, c'est autre chose.

Alors il arpente les rues. Il n'a pas d'argent, va parfois au cinéma, mais surtout il regarde les passants, ceux qui s'engouffrent dans les théâtres et boivent des verres avec les Allemands, les autres qui rasent les murs.

Il est là où il faut être. Mais il ne sait pas encore ce qu'il va faire de ce monde qui change. Langues O, tradition familiale oblige ? Sciences Po, comme son père ? Marie-Antoinette ne veut pas. Elle a vu que son fils courait les salles de cinéma et aimait le théâtre. Le grand acteur Charles Dullin donne des cours au théâtre Sarah-Bernhardt, rebaptisé théâtre de la Cité, place du Châtelet. Pourquoi pas ? Ça occupera, ça laissera se traîner la jeunesse, s'étirer le temps des décisions. Un drôle de bonhomme vient passer une audition le même jour que lui. Un type bizarre, qui change de visage comme il veut, tord sa bouche et devient un héros de drame russe, la tord dans l'autre sens et c'est Buster Keaton. Il s'appelle Marcel Mangel, se fait déjà appeler Marcel Marceau. Vadim et le futur mime tentent de convaincre Charles Dullin de les accepter dans son école. Ils esquivent les classes préparatoires et arrivent directement en classe supérieure. Il joue sur scène, découvre la vie de troupe. Mais le vrai théâtre est ailleurs. Dans les rues de Paris qui se libère, dans les effusions, dans les purges. Vadim a passé son enfance dans un balancier permanent entre bonheur et drame. Il sort de l'adolescence en cassant la machine, en forçant les choses pour qu'elles restent agréables. Il est en pole position.

L'aimant

Du cours de Charles Dullin, place du Châtelet, jusqu'à l'intersection du boulevard Saint-Germain et de la rue Saint-Benoît, il faut compter une quinzaine de minutes à pied. Moins de dix, en marchant vite. Mais Vadim court. Il a deux options. Traverser l'île de la Cité, passer devant le palais de Justice, arriver à Saint-Michel et tourner à droite. Ou bien aller jusqu'à la Samaritaine, prendre le Pont-Neuf, la rue Dauphine, la rue de Buci et puis le boulevard. C'est si bref, quelques rues à peine, mais il le fait à toute allure, pour arriver plus vite. Où ça ? Là où a lieu l'action. Laquelle ? À lui de décider. Il est comme les autres, les copains de longue date – même si la durée est bien relative –, ceux d'un soir qu'il ne connaît pas encore et vers lesquels il se précipite, comme s'il ne fallait rien rater.

Il n'habite plus dans le 16e, square du Docteur-Blanche. À la Libération, les Suédois sont revenus et la villa a dû être rendue. Marie-Antoinette a trouvé une vieille baraque jouxtant la forêt de Marly. Tous les matins, il faut prendre le train à L'Étang-la-Ville, arriver à Saint-Lazare. Jusqu'au soir, le divertissement. Non pas que la famille soit pénible, elle est charmante et loufoque. Mais dans la journée, Vadim fait ce qu'il veut, il a tout le loisir de découvrir ce que ce Paris libéré mais ravagé peut lui offrir. Et pour cela, il y a Saint-Germain-des-Prés. Cela ne veut pas encore dire grand-chose, mais il le sait. C'est là qu'il doit aller, là qu'il va briller, là aussi qu'il va s'amuser.

Ce quartier, je sais en dessiner les rues, tracer les axes, deviner les coins où se faire voir et les autres où se cacher. Je trouve facilement le nom de tous les établissements, bars ou boîtes qui se sont succédé à chaque adresse. En fouillant davantage, je peux savoir qui allait là, et qui ailleurs. J'ai devant moi les photos d'archives, les soirées dans une boîte, les scènes de rue. Et puis, il y a ces détails de la vie de tous les jours : cet excentrique qui se prenait pour Napoléon Ier, cet autre qui portait un casque japonais d'où pendait un paquet de cigarettes, une perceuse ornée d'une fleur à la main. Je sais aussi que les frites coûtaient trente francs place de l'Odéon, le litre de vin, soixante, et les spaghettis *alla levantina*, cent.

Et pourtant, je n'y comprends rien. Tout s'accumule, mais rien ne me permet de saisir ce qu'il s'est passé à Saint-Germain-des-Prés dans la décennie allant de la Libération jusqu'au milieu des années cinquante. Les explications, elles sont pourtant là. Politiques : Paris était débarrassé de l'occupant, la vie pouvait reprendre, sans couvre-feu ni rafles. Géographiques : les quelques rues que forme le quartier sont en plein centre, dans le cœur historique, le Paris médiéval, le Paris de la révolution, avec ses salons. Sociologiques, évidemment : les jeunes arrivés à l'âge adulte à cette période n'avaient pas les mêmes soucis que leurs parents. Les tickets de rationnement étaient encore valides quelque temps après la guerre. Les leurs, marqués « J3 » (d'où le surnom donné alors à cette tranche d'âge), offraient une plus grande quantité de nourriture. C'était eux, l'avenir, ils avaient la charge de la nation à refonder. Ils devaient oublier l'enfance, le père collabo et le voisin déporté. Ils l'ont fait comme ils pouvaient. Mais certains ont beaucoup ri. Il y eut des génies qui transformèrent leur époque, d'autres qui passèrent comme des comètes, beaucoup qui restèrent anonymes. Tout cela est logique. Le rationnel touche même la folie.

Mais ce qui anime ce jeune homme qui court à toute allure sur l'île de la Cité pour traverser la Seine, qui manquerait se casser la figure pour rejoindre des gens qu'il ne connaît pas, c'est autre chose. Il en va du Saint-Germain de l'après-guerre comme d'un fou rire qu'on nous raconte. On a envie de partager l'éclat amusé, la personne qui vous le raconte a beau exagérer l'effet, préciser tel ou tel détail de la conversation, les « il a sorti ça comme ça » et autres « tu aurais vu ça », rien n'y fait. On regarde l'esclaffé avec un sourire forcé, on se dit, ou on lance par politesse, pour ne pas décevoir, « ça devait être drôle ». Tout sonne comme un reproche de n'avoir pas été là, de n'avoir pas eu la jugeote de venir. Les gênes et la culpabilité se transforment en envie, en jalousie maladive, parfois. On veut le faire nôtre, ce moment si drôle. Il est à nous. Les grandes lignes, les détails, pourquoi pas les digressions, tout cela sera facile à raconter. Mais les acteurs seront toujours là à nous dire qu'on n'y était pas, qu'il n'y a qu'à regarder les photos pour constater leur présence, et notre absence. Pour conjurer les aînés, pour les remplacer même, on va sur leurs terres. Nous, les suivants, les suiveurs, avons aussi droit à ce fou rire. Mais jamais il ne revient tel quel, jamais il ne surgit, spontané et superbe. Ne reste que l'emballage : la bande-son, quelques chansons qui évoquent un quartier, des photos, innombrables, et une manière de se tenir, de lire un livre à la terrasse d'un café, d'épousseter sa cigarette ou de relever son col. C'est grotesque, on n'aurait jamais ces gestes-là si ces fantômes ne nous narguaient pas. Et ces lieux, ils existent, conservés dans leur jus, mais la sève n'y est plus. On accuse les touristes (ou tous les autres) de les avoir rendus ridicules, mais nous sommes coupables de toujours y retourner. Physiquement, pourquoi pas, après tout c'est gai, une fois de temps en temps. Mais surtout mentalement, à tout recréer dans le café du bas de chez nous, à continuer de rêver de cafés-crème avec des futures divas ou de nuitées avinées avec des potentiels génies, à s'empêcher de penser autrement. On se satisfait de l'ossature. On la vernit. Sur Google Maps, les Deux Magots sont présentés comme un « café iconique au passé littéraire », le Flore comme un « café à l'esprit littéraire avec terrasse ». C'est d'une vérité un peu vile.

À quoi ressemblait Saint-Germain-des-Prés ? Je regarde des vidéos d'archives. Elles sont semblables aux films de fiction de l'époque. Comme si cette réalité était si originale qu'il ne servait à rien de broder. Montrer ces êtres suffisait. Mais aujourd'hui, ce n'est plus pareil. J'essaie de contacter des témoins, des compagnons de bringue de Vadim. La plupart sont morts. Quelques vivants parlent. Ils me lâchent des réponses que je lis partout, que « rue

Saint-Benoît, c'est là où on sortait », que « le club le Tabou était un endroit amusant ». Une évidence qui confine au kitsch. Je cherchais quelque chose à découvrir sur l'air de ce temps, sur mon héros au milieu de tout cela, je ne le trouve pas. C'est sans doute qu'il n'y a rien derrière. Ou plutôt qu'il n'y a que cela, qui explose, lumineux, face à moi et qui m'interdit de l'apprécier. « Tu n'y étais pas, tu ne pourras jamais comprendre. Tant pis pour toi. Idéalise-moi, ça suffira. » Il n'y a pas de secret caché. Une blague qui ne m'est pas destinée.

Vadim arrive à toute vitesse à Saint-Germain-des-Prés. Ballet sans chorégraphe, corps de danseurs qui gesticulent dans tous les sens. Un film à sketches, rempli de dizaines d'intrigues ou d'apparitions. L'histoire dira ensuite lesquels sortiront du lot, brilleront ailleurs qu'à l'entrée d'un bar, du Vieux-Colombier ou de la Pergola. Pour l'instant, Vadim (qui sera un jour surnommé « le Prince de Saint-Germain ») n'est qu'un personnage mineur parmi d'autres. Un grand escogriffe très beau qui court, comme tout le monde, et qui veut être au Fiacre, au Flore, au Tabou, au Danton… Passer d'une table à l'autre, rencontrer quelqu'un, se lier d'amitié pour la nuit, aller ensemble faire une connerie, rire à s'étouffer, escalader un échafaudage pour lorgner une voisine, sortir une horreur à un passant, trouver un bon mot ravageur. Pour celui qui débarque à Saint-Germain, il ne s'agit pas de bouleverser l'histoire. Les pétainistes et les bombardiers de Hiroshima et Nagasaki s'en sont chargés. Le futur, c'est dans les mains des politiques. Très peu pour lui et ses copains. Le programme est tout simple : créer de l'anecdote.

Il arrive que, attablé dans un bar en vogue, seul ou non, on remarque une bande assise à quelques mètres. Ce n'est pas qu'ils soient tous beaux, ni même qu'ils aient l'air intelligents ou drôles, mais ils sont différents. On est happé par ce décalage avec nous-même, fût-il léger ou frivole. Quelqu'un vient les rejoindre, il/elle ne les connaît pas. Il/elle se présente. Ils parlent fort et on entend que la bande vient de s'élargir. On se sent exclu, alors même qu'on ne les connaît pas, et qu'on s'ennuierait avec eux. Mais on les regarde quand même, on n'arrive pas à lâcher les yeux. On voit arriver cette fille délurée, très mince, et elle prend des airs d'une mannequin de Saint Laurent ou d'une diva warholienne. À moins que ce ne soit une muse préraphaélite. Celui-là, un peu bourru, a l'air d'un minet ravageur du Swinging London, d'un bellâtre taiseux du Nouvel Hollywood, d'un allumé du Berlin post-chute du Mur. On voit en eux un Lord

Byron, une Viva, une Kiki de Montparnasse, un Joe Dallessandro… L'inventaire serait sans fin. On s'extasie devant la nouveauté, mais on cherche toujours des sédiments de périodes glorieuses et étrangères. Ces cousinages, c'est le voyeur de l'époque qui le sait, mieux encore que ses acteurs. Et celui qui zyeute de constater, à son désarroi, que tout cela n'est que l'affaire de rencontres, d'accidents auxquels il a échappé.

Boulevard Saint-Germain, il passe devant le Flore et entend son nom. Un ami, en terrasse, l'appelle, l'invite à le rejoindre, lui et un grand jeune homme aux épaules larges, cheveux bruns et regard perçant. Il a l'air d'un acteur américain, qui s'appelle Christian Marquand. Ils ont le même âge, sont du même genre. Ils discutent longtemps, leur ami les laisse, et ils bavardent jusqu'au soir, scellant les fondements d'une amitié qui durera des décennies. Ils aiment tous les deux le cinéma, Vadim sait déjà qu'il ne sera pas acteur, mais l'autre veut tenter le coup avec son physique de jeune premier et son charme hâbleur.

Les unit l'appartenance à une famille originale. Le père, Jean Marquand, un communiste du sud de la France, qui a passé la guerre à déménager, emmenant avec lui sa famille, dont Christian, Serge et Nadine. À la Libération, tous se sont installés dans le 16e arrondissement, au 15, rue de Bassano, lieu de vie et de travail. Jean Marquand tenait un annuaire des commerçants français, et il fallait envoyer ce registre dans tout le pays. Christian ramène son nouvel ami chez lui, et voilà que Vadim se retrouve réquisitionné, comme chaque invité débarqué à l'improviste, pour coller des timbres et s'appliquer à écrire les adresses sur les enveloppes. Longtemps, la rue de Bassano sera le deuxième foyer de Vadim, une fois le dernier train pour L'Étang-la-Ville (0 h 45 depuis Saint-Lazare) parti. Jean Marquand prête à son fils un minuscule studio dans l'immeuble, et Vadim est à demeure.

Saint-Germain-des-Prés, et précisément les quelques dizaines de mètres de la rue Saint-Benoît, est le centre de gravité des deux jeunes hommes. Il y a tout à y faire. La journée, des petits boulots, c'est la débrouille. Parfois les études, ou bien quelques petits rôles dans des pièces de théâtre. Tout cela entrecoupé de cafés. Mais, dès le soir, les choses sérieuses commencent, et s'inventent. Une cave s'improvise le club le plus couru du moment : le Tabou, au 33, rue Dauphine, qui ouvre en avril 1947. Juliette Gréco en est la reine. Au début, il n'y a que des amis, et puis ça se remplit, tout le monde vient s'entasser, la file d'attente va jusqu'au bout de la rue. Les voisins râlent contre le bruit, mais peu importe. Les stars américaines, les jazzmen, les jeunes premiers, les curieux, on se presse entre les murs enfumés et humides, on rit aux blagues de Boris Vian. Et puis, il faut aller ailleurs, se distinguer. Ce sera le Club Saint-Germain, au 13, rue Saint-Benoît. Tout le monde veut entrer (1 500 personnes qui cherchent à passer la porte le soir de l'inauguration en juin 1948), mais on est entre nous. À une table, Gréco évidemment, avec Anne-Marie Cazalis, Alexandre Astruc. À une autre Michel de Ré, Daniel Gélin et Vadim. Les Nuits, orchestrées par Marc Doelnitz, sont folles. À Saint-Germain-des-Prés, Vadim connaît tout le monde, retrouve Yves Robert qui anime des spectacles au cabaret La Rose rouge, rue de la Harpe. Ces noms de lieux, ces fêtes, on les connaît, mais leurs rires, peut-on les comprendre ?

C'est encore le temps des rencontres. La vie semble simple, même si on n'a pas un sou. Vadim voyage, train-couchette en dernière classe pour aller dans le Sud. Il claque ses économies au bar d'un palace et part dormir dans un hôtel de gare. Et puis, on ne sait jamais, on pourra toujours trouver un canapé confortable, une baignoire, ou pourquoi pas un lit. À l'Hôtel du Cap à Antibes, par exemple, tout est parfait, très beau, mais il faut en avoir les moyens. Peu importe, ça n'empêche pas les filles d'être belles en bikini et les autres dragueurs de très bonne compagnie. Au bord de la piscine, un jeune Américain. Il dit être homme politique, avoir un père très influent. Il ne ressemble pas vraiment à Roosevelt. Surtout, il est drôle. Alors pourquoi ne pas en faire un compagnon de chasse, et ramener des filles dans sa chambre ? Le jeune homme de trente ans au torse poilu, à la coupe en brosse, aux dents bien blanches s'appelle John Fitzgerald Kennedy. Il sera président des États-Unis ; personne ne le sait, sauf son père, mais, pour l'instant, il n'est que le compagnon de bringue de quelques nuits. Ou alors cet autre jeune homme, Robert Hossein, aspirant acteur au visage slave qui débarque à Saint-Germain-des-Prés, se fond dans les groupes, tombe sur Christian Marquand qui l'invite à loger chez lui, rue de Bassano, Vadim n'étant pas là. Il fait la même taille que celui dont il occupe le lit et lui emprunte ses costumes. Et part habillé avec les fringues d'un autre. Hossein est dans un café. On lui tape sur l'épaule, il se retourne et quelqu'un lui lance « Salut Vadim ! – Pourquoi me dites-vous ça ? – Parce que, je te salue. Tu portes mon costard, ma chemise, tu es moi. Donc je te dis : "Salut Vadim". » Rien n'est important, ni les emprunts ni les vols. Hossein rentre dans le duo, et ils écument Saint-Germain.

Marquand et Vadim sont assis à la terrasse de la Coupole, boulevard du Montparnasse. Un jeune Américain est assis à quelques mètres, seul et magnifique. Sur la table, un Perrier et ses grands pieds, nus. Il tord son corps, tend les mains vers les orteils, masse : « Oh ! Putain, ça fait du bien… Oh ! Putain… » Il a marché toute la journée, il a mal et voilà que, devant tout le monde, il pétrit sa chair. Et tout ça avec le son, les gémissements orgasmiques, les *« Oh my god ! »* et *« It feels so fucking good ! »* C'en est indécent. Les serveurs sont gênés, même si, à la Coupole et avec son lot de gigolos, ils en ont vu d'autres. Mais pas comme ça, pas en plein jour. Il est si beau, brut et délicat ; on dirait qu'il se branle. Ça choque les uns et ça amuse les autres, surtout Vadim-Marquand. Ils s'approchent. Il est acteur, vient du Nebraska, a joué au théâtre, mais n'a pas encore tourné de film. Il n'est pas encore Marlon Brando la star volcanique, c'est juste Marlon Brando, jeune Américain orageux qui traîne son sac en toile de jute dans des bouges parisiens. Déjà, tout le monde le regarde. Vadim et Marquand l'invitent à loger chez eux. Il les accompagne pendant son séjour à Paris. Il multiplie les conquêtes, les filles d'un soir ou les garçons de café, les coups à la va-vite sous une porte cochère ou les nuits passées à l'autre bout de la ville chez une inconnue. Brando vit au jour le jour cette flamboyance dont Bertolucci filmera la décrépitude vingt-cinq ans plus tard dans *Le Dernier Tango à Paris*. Et il le fait avec ses deux amis. Que se passe-t-il dans leur chambre ? La camaraderie est totale, jusque dans le plaisir. Pourquoi pas inviter des filles à les rejoindre ? C'est l'âge des expérimentations, du refus des cases. On passe la nuit avec l'un ou l'une, sans qu'il y ait d'amour. Il faut juste séduire et ne pas perdre une minute.

Sans être jamais aussi proches que dans leur jeunesse parisienne, Vadim et l'Américain se recroiseront à de nombreuses reprises et s'estimeront toujours. La relation, passionnée et virile, entre Marquand et Brando durera, elle, longtemps. Vadim et Brando appelleront tous deux leur premier fils Christian. Marquand est aujourd'hui oublié. Ce même Marquand qui affolait les fantasmes à Saint-Germain-des-Prés, pourquoi a-t-il perdu sa beauté quand Brando est toujours aussi superbe ? Ils ne sont pas encore réalisateur, président américain, vedette de série télé française et de shows au Stade de France, star démente hollywoodienne. Ce sont juste des jeunes hommes qui courent eux aussi. Ils seront tous à leur manière célèbres. Il y en a eu d'autres, mais ils ne nous intéressent pas. Le film était beau, mais trop anonyme. Pour qu'il reste dans les mémoires, il fallait qu'il soit remonté, que certains figurants deviennent des vedettes.

Être libre à Saint-Germain-des-Prés, qu'est-ce que ça signifie ? Baiser ? Danser ? Boire ? Se droguer ? Quoi d'autre ? Qui ne fait pas ça, ou ne l'a pas tenté ? On ne leur avait pas demandé de vagabonder dans les rues, de déranger tout un quartier pour quelques morceaux de jazz. Non, personne ne leur avait donné de consignes. Vadim et ses amis étaient laissés à l'abandon. Plus tard, les années soixante et les décennies d'après donnèrent l'injonction du plaisir. Mais là, pas encore. Alors, secrètement, dans les chambres mansardées ou les villas laissées à l'abandon par les parents partis quelques jours à Deauville, ça s'amuse. Ça se dispute, se rabiboche. Fumer des joints, prendre de l'héroïne n'est pas « cool », ni même « bath ». Rien n'a d'importance. Sournoisement, un nouveau snobisme se crée, dissocié de l'argent ou du titre, il ne tient qu'à une posture, à une manière de se tenir face à la vie. Et Vadim et ses amis en redemandent.

Tout n'est pas gratuit, mais offert, ou presque. La vie à Saint-Germain a beau ne pas être très chère (moins qu'ensuite), elle a un coût. Il y a la vie quotidienne, et puis les accidents, la copine qui doit aller en Suisse pour se faire avorter étant un problème courant dans cette faune pré-pilule et pré-avortement légal. Alors on se débrouille. Être sympathique avec le patron pour ne pas régler la note tout de suite, demander à un copain de dépanner ou bien faire quelques combines. Pourquoi ne pas jouer au chaton affamé devant une riche étrangère, quitte à ce que cela coûte quelques baisers. Dans ses Mémoires, *Le Goût du bonheur*, Vadim raconte comment, pour trouver de l'argent en vitesse, ils volèrent un vase Ming à la maîtresse aisée et âgée d'un ami, le remplacèrent par une copie. Cassèrent l'objet avec fracas pendant une soirée mondaine chez la dame, quitte à passer pour des brutes et se faire chasser, et revendirent le vase à un antiquaire. Vrai ou faux ? Quelle importance ?

Chez ces vagabonds élégants, il y a de tout. Des fils de riches qui rentrent en catimini chez leurs parents avenue Mozart. Des miséreux qui dorment sur le quai du métro le jour ou dans les cinémas, qui mendient, et pour qui la nuit est une sieste sur un banc du jardin du Luxembourg. Les filles gagnent quelques centaines de francs en dansant dans les bars, parfois davantage en faisant plus. Une série télévisée se tourne à Saint-Germain-des-Prés, il faut des figurants, ça fait un peu de blé. Jean Cocteau tourne *La Belle et la Bête* aux studios de Saint-Maurice, dans le Val-de-Marne, Marquand y apparaît, mais le cinéaste ne montre pas son visage, pour ne pas froisser Jean Marais. Son amant est jaloux.

Il n'y a pas que des jeunes gens. Certains jouent le rôle de parrains, moins sentencieux ou moralos que des vrais parents, mais des guides qui comprennent que quelque chose se passe. En 1946, Marc Allégret a quarante-six ans. Il est l'auteur d'une vingtaine de films, convenables, classiques et enlevés. Ils marchent. Il est au cœur d'un cinéma français traditionnel, qui se fera ringardiser par la Nouvelle Vague. Celui qui a été très proche d'André Gide a le goût de la jeunesse. Des photos de jeunes filles, starlettes en quête d'un rôle important, parfois dénudées, et dont le contenu fait jaser dans les studios. Mais il est aussi intrigué par ces J3 dont on parle partout, se demande ce qu'ils feront de leur vie, une fois passée cette adolescence qu'ils rallongent sans cesse. Au printemps 1946, il tourne *Pétrus*, avec Fernandel. La production a besoin de figurants, Hélène Plemiannikov y voit un moyen facile et amusant (sauf quand il faut attendre les changements de plan) de rapporter un peu d'argent. Elle demande au régisseur qu'il embauche son grand frère. Un peu d'argent, c'est toujours ça de pris. Vadim arrive sur le plateau, s'ennuie, et à la fin de la journée part dans la file d'attente pour récupérer son cachet. Elle est interminable, au diable le fric, il s'en va. Hélène signe pour lui et récupère la mise. Pendant quelques jours, Vadim ne va pas sur le plateau, sa sœur lui rapporte l'argent tous les soirs. Ça ne dure pas, la production voit bien que quelqu'un manque et il faut y retourner.

Il est sur le plateau du studio. On tourne une scène de foire, il a juste à tirer sur des canards en bois avec un fusil à air comprimé. Cela le fatigue, il veut faire le malin. Juste pour le jeu, pour s'amuser. Le figurant refuse, c'est aberrant, Marc Allégret intervient. Qui est ce jeune imbécile qui retarde tout le monde ? Le réalisateur lui demande pourquoi il ne veut pas faire quelque chose d'aussi simple. Réponse : « J'ai tué mon père en jouant avec un fusil de chasse. Depuis, quand je tiens une arme, même en plastique, je transpire. » Un bon gros mensonge, une blague idiote. Le soir, Vadim traîne à la sortie du studio, une Chrysler bleue passe. Allégret invite ce figurant fainéant à monter, ils discutent. Le jeune homme a de la repartie, il l'emmène chez lui, dans le quartier de l'Étoile, au 11 bis, rue Lord-Byron, dans son duplex au dernier étage. Et il assaille Vadim de questions. Où va-t-il le soir ? Avec qui ? Comment s'habillent ses amies ? Comment parlent ses copains ? Peuvent-ils passer la nuit avec quelqu'un sans l'aimer ? Si on couche avec tout le monde, alors ça veut dire quoi, aimer ? Vadim a réponse à toutes ces questions, il connaît bien ces sujets.

Entre les deux hommes, l'un de dix-huit ans et l'autre de quarante-six, trente ans d'écart. Une génération, et si l'aîné veut comprendre le jeune, son biotope et ses manies, l'autre voit un père de substitution, à ceci près qu'Allégret s'intéresse à l'intimité et aux relations de ce nouveau fils putatif. Il lui demande de lire ses textes d'adolescents. Ce n'est pas si mal, il devrait poursuivre dans cette voie. Pendant plusieurs années, Vadim sera son assistant. Il réécrit ses dialogues, suggère des idées, fait répéter les acteurs. Chacun présente sa bande à l'autre. Allégret est amusé. Quant à Vadim, il découvre un nouveau monde.

Et la chronique mondaine de repartir. Saint-Germain-des-Prés, c'est là que tout se passe, alors il faut y être vu. Très vite, les cafés redeviennent ce qu'ils étaient avant la guerre. Au Flore, Sartre n'a jamais quitté sa place près du poêle, mais il est maintenant dérangé par ces vedettes, baronnes et play-boys qui viennent du monde entier pour s'encanailler. Voilà que ce monde hétéroclite, mais bien soudé par les habitudes dans les hôtels ou les stations en vogue, se retrouve confronté à un autre : les allumés de Saint-Germain. C'est bien beau d'être à Paris comme aux colonies, mais, sur place, il y a de la concurrence. Les filles de milliardaires atterrissent à Paris, délaissent leurs robes sages et enfilent la tenue noire et sobre de Juliette Gréco, cette ancienne allure de pauvresse, improvisée faute de moyens. La hiérarchie ne s'inverse pas, mais elle mute, se transforme en un être bicéphale. On peut être riche, vivre de vols transatlantiques en dîners et se sentir largué par un autre élitisme, qui tient sans un rond, mais avec plus d'élégance. C'est cruel, mais c'est ainsi. Saint-Germain-des-Prés est devenu une station touristique, comme Biarritz ou Portofino. Boris Vian ou Simone de Beauvoir sont des statues à cocher sur la liste. Vous voulez vous amuser à Paris ? Suivez le guide, suivez Vadim.

Avec le double ancrage, dans sa bande de copains et dans le sillage d'Allégret, le voilà petit prince. Celui qu'on regarde quand il arrive à la terrasse du Flore, dont on se dit qu'il est toujours élégant, que même ses gueules de bois ont l'air délicieuses. C'est lui qui est sur la photo avec Gréco quand un journal fait un sujet sur la vie du coin. C'est lui que *Cinémonde* qualifie de plus jeune scénariste d'Europe, à dix-neuf ans, alors qu'il a juste assisté Allégret et n'a encore rien signé. Vadim n'est pas à Saint-Germain-des-Prés, il est le quartier à lui tout seul. Le jeune loup est beau et insolent, séducteur et cultivé.

Rien qu'un seul de ces adjectifs aurait suffi à le consacrer ainsi. Il les mérite tous.

Alors, le voilà qui passe d'une bande à l'autre, d'une tablée de vieux écrivains à une cave de jazzmen. Il partage une maîtresse avec Ernest Hemingway. Cela amuse l'écrivain, qui, sûr de lui, ne voit aucun risque à une quelconque comparaison. Il rend visite à Colette dans son appartement du Palais-Royal. Elle est en fauteuil roulant. Il est charmant, poli, si bien élevé, il reviendra souvent lui faire la lecture. Allégret lui a présenté Gide avec qui il joue aux échecs, et qui a lu ses textes. L'écrivain a estimé qu'il ressemblait à son personnage des *Caves du Vatican*, Lafcadio, et l'a surnommé « Désarroi ». Le jeune homme sait si bien raconter les histoires, offre un miroir de jeunesse. À une, il raconte une peine de cœur, à un autre, une virée avec des filles. Il a compris ce qu'il fallait dire, à quel tempo placer des blagues, s'adapter aux êtres. Vite, si vite, il est devenu un mondain.

Sa scène favorite, c'est chez les Mille, rue de Varenne. Les deux frères sont richissimes. Hervé est patron de presse, a été recruté en 1930 par Jean Prouvost, l'industriel en laineries séduit par le potentiel des rotatives de journaux, pour le quotidien *Paris-Soir*. Il est aussi de la grande aventure de *Match*, qui se relance sous le nom de *Paris-Match* en 1949. Gérard est décorateur, inonde les intérieurs des grands bourgeois parisiens de candélabres, de tissus chamarrés, de paravents asiatiques. Les deux frères tiennent salon dans leur hôtel particulier. Et ils défilent tous : Louise de Vilmorin, des hommes politiques ou ambassadeurs, des chanteurs de variétés, Édith Piaf et d'autres, quelques mannequins qui débarquent en sortant des cabines de chez Chanel, rue Cambon, ou de chez Dior, rue François-Ier, l'Aga Khan, Marie-Hélène de Rothschild. Le gratin du monde ancien, celui d'avant les guerres, n'existe plus, ou si peu. Et, rue de Varenne, c'est une nouvelle haute société qui s'invente de nouvelles formes, veut s'adapter à la nouvelle donne. Chacun y donne un gage : intelligence, titre, statut, beauté. On s'habille en Balmain ou Charvet. Et Vadim a une entrée permanente. Il ramène qui il veut, Marquand et tous les autres, joue l'entremetteur de plusieurs mondes, offre du gibier aux vieux riches qui s'ennuient, et de quoi manger et séduire aux autres. C'est une comédie sociale parfaite, où chacun joue un rôle. Il faut juste le remplir pleinement, aller jusqu'au bout. Les jeunes invités insolents sont censés faire des conneries ? Ils en font. L'hôtel de la rue de Varenne est une malle à jouets. Ils ramènent Jean Genet qui vole des éditions rares dans la bibliothèque et va les revendre pour payer ses nuitées d'hôtel. Ils présentent Marlon Brando à Gérard Mille, qui tente de le faire monter dans sa chambre. Les frères s'amusent de se voir ainsi dépouillés, ils y gagnent, devenant les mécènes d'un Tout-Paris sacrément élargi. Un jour, Gérard Mille doit aller à une soirée très habillée. Dans son armoire, ses six smokings ont disparu, volés par Vadim et ses amis qui en avaient besoin. La vie est douce. Vadim a quitté la maison près de la forêt de Marly, continue à dormir souvent rue de Bassano, chez Marquand, mais il a pris une petite chambre rue de Babylone, dont il paie rarement le loyer. De toute manière, il n'est jamais chez lui. Le week-end, la foule de la rue de Varenne fait la transhumance à Louveciennes, chez Pierre et Hélène Lazareff. Le couple de journalistes, respectivement directeur de *France-Soir*, créateur du *Journal du Dimanche*, et fondatrice de *Elle*, a acheté un domaine, La Grille royale et tient salon. Vagabond et prince, Vadim a trouvé son rôle. Assistant sur les films d'Allégret, correcteur de scénarios, homme de compagnie des grands de ce monde-là, amuseur, séducteur, de femmes sans doute, mais aussi du reste. Il a trouvé sa cour. Ils ont beau lui payer le dîner, les voyages et le train de vie, ils sont ses pique-assiettes.

À peine a-t-on cerné un lieu, tenté d'esquisser un moment, qu'il nous file entre les mains. On avait zoomé bêtement, cru qu'il incarnait tout. Et voilà qu'il devient clair qu'il n'y a pas que celui-là, qu'il n'est qu'un petit bout du grand maillage. L'engrenage nous échappe encore. Saint-Germain-des-Prés n'a pas de succursales, mais des jumelages. Tout est exportable, même l'instant. À Rome, ça bouillonne, ça mélange vedettes mondiales et arrivistes, comètes et étoiles. Il faut y aller, et Vadim y va. Il ne sait faire que cela, anticiper le moment, se trouver là où il faut. Cinecittà est une autre rue Saint-Benoît, avec ses ramifications : Hôtel de la Ville et Excelsior où, la nuit, il se passe la même chose qu'à Paris. Les Français viennent quelques jours, les Américains quelques mois. Ça ne s'arrête jamais. Saint-Germain-des-Prés, Cinecittà, et puis Londres. Vadim raconte y avoir rencontré la princesse Margaret, incognito, dans une rue. Est-ce vrai, cela aussi ?

Sur son passage effréné, il ramène toujours quelqu'un. Face à lui, les gens ont un coup de foudre. Filles qu'il met dans son lit, garçons qui rêvent d'être son ami. Vadim est un aimant. Mais comment séduit-il ? Comme un narcissique qui prouve à chaque phrase et geste l'étendue de ses pouvoirs ? Non, Vadim plaît en adorant l'autre, en complimentant sans cesse, en faisant rire. Face à celles à qui il veut plaire, il fait mine de s'oublier. Il leur construit un monde idéal où elles seront heureuses. À sa mort, dans *Libération*, Sagan résumera ce charme : *« Il aimait autant la compagnie des femmes que leur conquête. Il aimait plaire sans manifester pour le sexe un intérêt particulier. Delon m'a toujours paru beaucoup moins séduisant que Vadim, qui ne se prenait jamais au sérieux. »* Je reste dans l'abstraction, je n'ai que des tournures lointaines. Il me faut un exemple, du concret. Vadim va faire mieux, il va me donner un modèle.

Une sage adolescente

Il sait que les choses prendront une tournure magnifique. Qui n'a pas connu cette foi-là, qu'on conserve secrètement et ressort à chaque embûche, comme un gri-gri, un repoussoir à n'importe quelle poussée de mélancolie ? Vadim n'est rien d'autre que le danseur d'un bal qui risque de se faire éclipser par le prochain. Mais il n'est pas n'importe qui. Pas pour moi, en tout cas.

Ce n'est pas un jeu de dominos parfaitement agencé, plutôt un ensemble mou, ponctué de coups d'accélération et de zones grises, d'informations anodines qui viennent s'emmagasiner. On fantasme les vies passées, on rêve, bêtement généreux et tendres, d'un événement, d'un coup de foudre. On invente des moments : une fille marche dans la rue, se trompe de chemin, quelqu'un l'interpelle. « Vous voudriez faire du cinéma ? » Elle devient une star. Elle ne le serait jamais devenue si elle avait eu le sens de l'orientation. Un scientifique fait une sieste sous un arbre, une pomme tombe, il découvre la gravité. On imprime la légende. On pourrait en recenser des dizaines, de ces cas-là, de ces accidents où une vie bascule, où des jeunes gens deviendraient des génies, touchés du doigt par les grâces célestes. Encore un autre de ces moments-là : un jeune homme de vingt-deux ans à peine garde l'enfant d'amis à lui, un couple d'acteurs, Daniel Gélin et Danièle Delorme, dans leur appartement de l'avenue Wagram. Le petit garçon lui demande de lui faire un avion en papier. Alors, il prend le premier magazine qui traîne sur la table du salon, et voit la couverture : une adolescente sage et souriante. Elle sera une star, et c'est lui qui la révélera. À moins que le même jeune homme n'ait patienté sagement chez le dentiste, qu'il se soit baissé vers la table de la salle d'attente, ait trouvé la revue et soit tombé en arrêt. Ou bien, autre supposition, que ce soit son mentor, Allégret lui-même, qui ait lu cette revue et l'ait montrée au garçon. Ou encore un producteur Pierre Braunberger qui ait fait de même...

Comment Vadim a-t-il trouvé Bardot ? Les différentes versions de ses propres Mémoires ne racontent pas la même chose, et les (auto) biographies des protagonistes, non plus. Avion de papier, dentiste, Allégret ou Braunberger, cela revient au même, à cette couverture du magazine *Elle* du 8 mai 1950 sur laquelle Brigitte Bardot adolescente pose en demoiselle comme il faut, dans un numéro consacré aux jeunes filles et leurs mères. Un an plus tôt, elle avait déjà posé pour une couverture, en robe vieux rose. Sa mère est une amie d'Hélène Lazareff, à la tête de la revue, c'est comme ça qu'elle s'est retrouvée là, face à toutes les femmes de France. Tirage du magazine à l'époque : 600 000 exemplaires par semaine. Lectorat : plus d'un million et demi de personnes. Quelqu'un devait la voir. Et Vadim a su que ça pouvait être elle.

Il avait écrit un scénario, *Les lauriers sont coupés*. Cent vingt pages de textes écrites en dix jours, cloué au lit par un ver solitaire. Allégret l'y avait encouragé, il signerait la réalisation du film, et Pierre Braunberger produirait. Le projet a du mal à se monter financièrement. Aussi, il faut trouver la fille parfaite. Les aspirantes actrices défilent chez Allégret pour passer un bout d'essai et se faire repérer. Vadim, pour qui *Les lauriers sont coupés* est un accessit, cherche une interprète. Au Flore, dans la rue, dans les génériques des films, dans le lot des actrices de troisième rang, chez les figurantes qui veulent ressembler à Martine Carol ou Simone Simon.

Et voilà que d'autres destins viennent se mêler, parfois le simple temps du bout d'essai. Il croit que telle fille va être bonne comédienne, il se met déjà à l'imaginer pendant le tournage, se voit dire à Allégret que cette scène, il l'avait écrite comme cela, et que ce serait bien qu'elle soit habillée en rouge. La caméra se met à tourner. Et elle est nulle. Alors, c'est fini, au revoir mademoiselle.

À Londres, il voit danser une jeune femme dans un cabaret. Sur scène, elle est si mince. Ce pourrait être elle. En coulisse, il va la voir. Elle est encore plus gracieuse. Elle s'appelle Audrey Hepburn, a déjà fait un petit peu de comédie, parle français, anglais et néerlandais. Sa minceur si moderne, à rebours des stars pulpeuses, est due aux privations pendant la guerre. À l'essai, elle est parfaite. Pierre Braunberger rechigne à embaucher une étrangère dans le premier rôle d'un film français. Peu importe, Hepburn n'en est déjà plus là, sa carrière est en train de démarrer. Elle ne tournera pas avec Vadim, mais pour d'autres, en Europe, puis aux États-Unis. Deux destins se sont frottés, c'est déjà ça.

Et voilà que Vadim délaisse, un peu, le flottement mondain. Le jouisseur s'est déniché un but, trouver son actrice. Où que ce soit. Dans un train de retour du ferry qui le ramène de

Londres, il rencontre une jeune danseuse, vedette du ballet des Champs-Élysées chorégraphiés par Roland Petit : Leslie Caron. Elle n'a pas vingt ans, et elle se retrouve invitée à passer elle aussi le bout d'essai. Vadim la coache pendant un mois. Ils se tournent autour, s'apprécient, mais pas d'amour fou en vue. Pour le film, Braunberger hésite encore. Ce ne sera pas elle non plus. Leslie Caron a intégré le monde de Vadim, a dîné rue de Varenne chez les Mille. Hervé l'a mise en couverture de *Paris-Match*, en tunique plissée corail, une fleur à la bouche. Gene Kelly l'a repérée et l'invite à partir à Hollywood tourner *Un Américain à Paris*. Là encore, ça aura au moins donné quelque chose.

Pourquoi pas elle, cette jeune fille en une de *Elle* ? Elle pourrait bien faire l'affaire. Il faut la rencontrer, lui faire passer un bout d'essai. On contacte Hélène Lazareff pour avoir le contact de l'adolescente aux cheveux châtains bien peignés, au visage de jeune fille française bien comme il faut, mignonne, mais pas incendiaire. Un mot est envoyé aux parents : « Marc Allégret serait très heureux de rencontrer votre fille Brigitte pour un projet dont il aimerait vous entretenir. » Chez les Bardot, on est de droite, catholiques pratiquants, pas très emballés à l'idée que Brigitte fasse du cinéma. Conseil de famille. Elle ne va pas devenir actrice, celle-là ? Pourquoi pas pute ? Dans son autobiographie, Brigitte Bardot raconte que son grand-père adoré a lancé : « Si cette petite doit être un jour une putain, elle le sera avec ou sans le cinéma. Si elle ne doit jamais être une putain, ce n'est pas le cinéma qui pourra la changer. » Rendez-vous est donc pris.

Et le voilà alors, ce moment fondateur, la pomme qui tombe de l'arbre, celui dont il nous suffit de connaître le lieu et les personnes présentes pour que s'emballe l'imagination. Rue Lord-Byron, dans le duplex de Marc Allégret, le réalisateur et son assistant attendent Brigitte Bardot et sa mère. Les rôles sont répartis : Allégret fait la conversation à la mère, joue à évoquer leurs connaissances communes, l'inonde de paroles spirituelles, à la fois mondaines et rassurantes. La fille est prise en charge par Vadim. Il la regarde, la dévore des yeux. Il sait qu'il l'impressionne, cette fille de six ans sa cadette. Elle va encore à l'école, lui connaît tout Paris. Elle n'a aimé aucun garçon, lui a déjà son compte de nuits agitées.

Qu'il est doux de rêver à ce que pense Bardot de ce grand jeune homme tout mince qui lui sourit gentiment. En lui, elle voit un tourbillon. Non qu'elle projette tout, l'amourette, le mariage, la célébrité. Non, elle est comme chaque adolescent qui se retrouve face à quelqu'un dans sa vingtaine, qui ne vit pas chez ses parents, n'a pas de devoirs ni de comptes à rendre. Quelqu'un de libre, dont la seule vision offre, dans un même mouvement, espérance et amertume. On se prend à rêver de lui ressembler, on a la foi que, nous aussi, on aura de cette liberté. Si l'autre est, comme Vadim, aussi beau, on imagine tout ce qu'on pourra faire avec, partir, l'accompagner dans son audace de vie. Mais sur chacune de ces pensées vient s'en abattre une autre. Non, ce n'est pas possible, pas pour l'instant. Il y a les parents, le lycée, la routine. Dans quelques années peut-être. On regarde l'autre avec une envie triste, on s'emballe quand il sourit, on guette un changement d'attitude. On se désespère à chacune de ses indifférences ou à nos pseudo-bons mots, qu'il ne saisit pas et qu'on rêvait si drôles. Bardot n'avait jamais rencontré de jeune homme comme cela. Il n'a rien des fils des amis de ses parents, ni des garçons à qui elle sourit vaguement dans le bus, pouffant avec ses copines, par mimétisme plus que par envie. Ce Vadim, il ne ressemble à personne d'autre, beau et drôle comme elle ignorait que ça pouvait exister, gentil et terrifiant.

Mais lui, que pense-t-il de cette adolescente qui le regarde d'une si curieuse manière, apeurée et lointaine ? Des jeunes filles, il en a vu, croisé, rencontré beaucoup. Mais celle-ci est différente.

Il ne se l'explique pas. Ils se parlent doucement, vont sur la terrasse de l'appartement, discutent devant la vue de Paris. Dans ce duplex, il n'y a plus qu'eux qui comptent. On s'en ficherait de savoir où ils sont et ce qu'ils font là. C'est eux seuls qui nous intéressent, ces deux jeunes gens qui se fixent et qui ne rêvent que de se revoir. La focale s'est resserrée sur eux. Autour, tout s'est flouté. Le moment est parfait. C'est la rencontre de deux jeunes gens qui s'aimeront un jour. Ça, ils ne le savent pas, mais le devinent. Quant à nous, on a une longueur d'avance : on sait que c'est ici, rue Lord-Byron, en cette fin d'après-midi que tout a démarré. L'œil du cyclone dans un appartement bourgeois. Alors, on n'entend plus que quelques bruits qui viennent du salon, où Mme Bardot rit aux traits d'humour d'Allégret. Parfois, Brigitte l'interrompt : « Maman, tu le barbes. » Et puis, elle revient à Vadim, à cette conversation silencieuse avec le jeune homme au visage de loup. Ils sont trop concentrés à se dévisager pour entendre clairement l'acquiescement de Mme Bardot quand Allégret passe aux choses sérieuses, au film. Il a bien fait de passer ainsi une heure à se rendre sympathique, à montrer qu'il est un homme respectable. Brigitte fera un essai. C'est Vadim qui l'aidera à se préparer, tant que les rendez-vous n'entravent ni le lycée ni les cours de danse hebdomadaires au studio Wacker.

Je n'arrive pas à m'imaginer leurs rencontres autrement que comme un film. Un film en noir et blanc, pas forcément de grande qualité, une suite de scènes pas très intéressantes, avec juste deux jeunes gens qui répètent, dans un appartement parisien. C'est sans doute très chaste, mais tout bouillonne. Leurs corps, leurs pensées. Il lui fait redire son texte, la scène qu'elle jouera d'ici quelques semaines. Et elle s'y colle, elle n'a jamais fait ça. La caméra n'est pas là, alors ça ne sert pas à grand-chose. Ce n'est pas qu'elle soit nulle, ni même excellente. Elle bouge d'abord timidement, et puis, parfois, s'enflamme, se met à danser. Et lui la regarde, attendri par sa timidité, ébaubi par ce corps frêle qui s'élance devant lui. Il se dit qu'elle est encore enfermée. Trop de copier-coller d'autres femmes, de manières de parler, de se tenir, qui ne sont pas à elle. C'est comme si elle n'était, pour l'instant, qu'une accumulation de ce qu'on a voulu qu'elle soit.

Le jour de l'essai arrive. Près du Panthéon, elles sont des dizaines à attendre, à passer une à une devant la caméra. La plupart ont envie de devenir des vedettes, de tenter leur chance. Bardot arrive, comme téléguidée. Comédienne ? Elle s'en fiche un peu. Mais elle sait qu'elle va retrouver le beau jeune homme qui, pour l'instant, n'est pas là. Alors, on la prend en main, on lui donne le traitement de chacune qui passe un essai : on la coiffe, on y va à fond avec la laque et la chaleur dans les cheveux pour qu'elle ressemble aux autres. On la maquille, une couche insupportable, une autre peau. Elle ne ressemble à rien, certainement pas à elle-même. Il y a juste ces yeux qui fixaient Vadim pendant les répétitions, et qui plongent dans une panique folle. Elle n'est pas faite pour cela ! Ce n'est pas elle ! Vadim arrive, voit le malaise. Il la fait retourner dans la loge, demande qu'on lui enlève le maquillage et arrange les cheveux. Elle est enfin vaguement elle-même. Et c'est son tour. Tous les deux, l'un face à l'autre. Il la fait sourire, la calme. La caméra va tourner. Quelqu'un lance : « Essai Bardot. » Qui a prononcé ces mots ? Allégret, Vadim, un cameraman ? Celui-là n'a pas conscience de ce qu'il est en train de dire. Voilà que la future star naît face à une caméra de cinéma. Vadim lui donne la réplique, elle récite son texte et c'est plié.

Braunberger, qui, après Hepburn et Caron, a décidément du flair, ne sera pas emballé par l'essai, et remisera encore le tournage du film. À moins qu'il n'ait tout bonnement plus envie de le produire et qu'il ne laisse traîner l'affaire. Vadim retourne à sa vie flottante, entre la rue de Bassano, l'avenue de Wagram, la rue

Lord-Byron, la rue de Varenne et la rue Saint-Benoît. Il n'oublie pas la jeune fille, qui, dans sa chambre de la rue de la Pompe, pense aussi à lui. Il est chez les Gélin-Delorme, il s'ennuie. Il n'a que quelques pièces sur lui, descend dans un café place des Ternes, et fait le tour de son carnet d'adresses pour trouver une occupation. Marquand n'est pas là, la bande non plus. Il essaie chez les Bardot. C'est Brigitte qui répond. Elle est heureuse qu'il appelle, ses parents ne sont pas là, elle est avec sa grand-mère et un ami, lui propose de passer. Et Vadim se met à courir ! C'est à son tour d'être téléguidé, de descendre de la place des Ternes jusqu'à la rue de la Pompe, d'enjamber le trottoir, mû par la promesse de revoir la jeune fille.

Le voilà. Il monte, elle ouvre la porte. C'est un spectacle de la banalité bourgeoise : une jeune femme qui discute dans son bel appartement avec un ami, le tout surveillé par la grand-mère. Et lui qui arrive, cheveux trop longs, col élimé, habits salis et usés par les fêtes. On fait attention qu'il n'embarque pas l'argenterie, ce jeune fou de Saint-Germain-des-Prés. Peu importe, il débarque dans sa vie, confirme qu'il n'était pas seulement l'assistant d'Allégret, gentil, parce qu'il avait besoin d'elle, intéressé par la potentielle future actrice. Non, à ce moment-là, entre les meubles vieille France et les yeux méfiants de la grand-mère, Vadim représente un autre monde, une nouvelle vie, la promesse que tout va s'arranger. La solution à cette vie ouatée.

Ils tombent amoureux. Ils n'en ont pas le droit, mais le sont quand même. Et c'est parti : les baisers se volent sur le pas de la porte, quand la grand-mère a baissé la garde. Vite, Brigitte fait l'école buissonnière, va rejoindre Vadim chez lui, rue de Bassano avec Marquand, ou chez les Gélin-Delorme. Ils couchent ensemble, parfois à toute vitesse, l'œil sur l'horloge pour rentrer fissa chez les parents. Parfois, ils ont plus de temps. Les heures passent et ils se regardent tendrement. Elle est si fragile, si décidée. Elle veut vivre, devenir une femme, elle le hurlerait à la fenêtre. Lui la regarde, attendri par cette fille-là. Elle n'est vraiment pas comme les autres. Alors, pendant ces quelques heures volées au lycée, au cours de danse, à la blanquette de veau du dimanche midi de la rue de la Pompe, il est tout à elle. Que lui apprend-il ? Sans doute à vivre, à oser rire vraiment, à faire l'amour, tant que cela s'enseigne-t-il. Le reste du temps, la vie continue, avec les copains, Allégret, les scénarios, le Flore et ailleurs. Mais une fêlure s'est installée. Lui, le loup mondain, un peu arriviste, jouisseur et séducteur, sûr de lui, est devenu obnubilé par la gamine. Les copains en rigolent. Jusqu'à ce qu'ils la rencontrent et qu'ils voient le phénomène : gosse attendrie et attendrissante, capable de bons mots, ébouriffante à chaque instant où elle se laisse aller. Personne ne sait encore ce qu'elle a de spécial. Sera-t-elle danseuse, actrice, femme au foyer ou infirmière, peu importe. Ce qui compte, c'est l'impression qu'elle laisse à l'instant t, sa manière de transformer les hommes qu'elle croise en abrutis.

Il a déménagé au 16, quai d'Orléans, sur l'île Saint-Louis, avec Christian Marquand. Un minuscule appartement en mansarde, à peine la place pour y mettre un lit étroit, une table et quelques chaises. La propriétaire est une dame plus âgée qui loue des chambres à ses anciens amants, dont Marquand, pour un loyer ridicule. Et c'est dans cette soupente que Bardot la lycéenne va venir, découvrir la vie de son amant, marcher entre les bouteilles vides, faire attention à ne pas réveiller Marquand ou un autre qui dort toute la journée. Bref, trouver cette vie formidable, non parce qu'elle l'est, mais parce que c'est nouveau. À cet âge-là, on a envie de tout quitter dès que quelque élément nouveau se présente, qu'une bande nous invite à la rejoindre. On veut les suivre, mais on n'y parvient pas, les pieds moulés dans le sol, incapable d'avancer. Bardot ose aller chez Vadim, ou ailleurs, le retrouver, l'aimer pour que, pendant une heure ou deux, elle sente qu'elle a un corps, qu'elle est quelqu'un. Les moments de liberté passent et puis, le cœur lourd, il faut se remettre en mode robotique et repartir vers la rue de la Pompe. Jouer les mêmes gestes que d'habitude, parler aux parents ainsi, faire ses devoirs comme ça, être un bon petit soldat.

Car, de l'autre côté, chez les Bardot, la musique est différente. Vadim est une mauvaise fréquentation, un monstre. La sœur, Mijanou, balance, le père menace de tuer Vadim, la mère surenchérit. On lui interdit toute sortie. On l'envoie un été danser sur un bateau de croisière, seule pendant quelques semaines, pour qu'elle arrête de le fréquenter, qu'elle l'oublie. Elle lui écrit des lettres désespérées, qu'elle signe « Sophie », en référence au personnage d'un roman qu'il a écrit. Elle ne peut pas vivre sans lui, va mourir si cette situation ne se règle pas. Elle tente de se suicider, est sauvée à temps. Les parents comprennent qu'il n'y a pas vraiment le choix. Ils sentent que ce jeune homme, aussi mal fagoté soit-il, est le choix de Brigitte et qu'elle l'aimera de toute manière. On accepte du bout du nez que Vadim vienne dîner à table. On promet à Brigitte qu'elle pourra l'épouser à ses dix-huit ans. La belle affaire ! Des mois et des mois à attendre pour qu'ils puissent s'aimer vraiment. Pour l'instant, il faut se contenter de moments volés.

Et lui, de son côté ! Il avait une vie si douce, bancale mais agréable, il aurait pu s'en contenter. Mais il l'aime, cette gamine. Alors il fait tout pour rentrer dans le jeu, pour patiemment se faire bien voir des parents, endosser un rôle. Il faut jouer la comédie, cacher les baisers, être le gendre idéal. Les désirs contenus, les concessions, les amours cachées, tout cela n'est rien d'autre que les prémices d'une époque prête à éclater. La France des années cinquante vit dans un jeu de dupes où il s'agit encore de faire illusion, de croire que les jeunes gens resteront vierges jusqu'au mariage, qu'ils respecteront les mêmes valeurs que leurs parents. Il faut ruser : faire les choses en cachette, s'aimer en catimini, devenir adulte plus vite, dans son coin.

Et puis, tout prend forme, enfin. Ce qu'on connaît, cette image du petit couple parfait, de l'actrice et du réalisateur, s'esquisse comme un dessin dont on devine le tracé, et où les grandes lignes commencent à structurer l'image. Tout n'est pas encore détaillé, il reste des parts d'inconnu, mais surgit ce qui adviendra. Vadim travaille toujours avec Allégret, réécrit quelques scénarios, se fait un peu d'argent en signant le commentaire d'un documentaire de Haroun Tazieff. Il est toujours vagabond. Pour qu'il puisse épouser Brigitte, les parents ont mis deux conditions : qu'il devienne catholique et qu'il trouve un travail. La première chose est simple, il s'agit juste de suivre des cours de catéchisme. L'expérience sera plutôt plaisante. Pour la seconde, il demande à Hervé Mille de l'aider. À la tête de *Paris-Match*, Mille lui propose d'abord un travail de rewriter. Vite, il devient reporter.

Vadim est journaliste comme il sera plus tard cinéaste. En saisissant ce qui se passe, en collant le nez à l'époque, en en faisant un tremplin pour devenir lui-même. C'est sans doute le cas de tous les journalistes, qui veulent s'affirmer en puisant dans le réel. Mais au début des années cinquante, pour lui, et pour ses collègues, la consigne est claire : s'inventer des rôles d'adultes, les interpréter et s'amuser autant que possible. Dans la salle de rédaction de la revue, rue Pierre-Charron, dans le 8e arrondissement, on trouve les mêmes personnes qu'au Flore ou rue de Varenne. Journalistes, photographes, ce sont tous des jeunes hommes, pour la plupart, qui incarnent ce que l'après-guerre a de plus flamboyant. Ils sont les jeunes princes de la presse, ceux qui, quels que soient leurs sujets et rubriques, parlent d'égal à égal avec les vedettes ou les aristocrates.

Chaque semaine, cinq millions de Français lisent leurs reportages. Le salaire est bas, mais on se rattrape en notes de frais. On invente des hôtels, on fabrique des fausses factures et on se fait rembourser en liquide. Chacun y va de son arnaque la plus folle, le photographe Willy Rizzo gagne la palme de l'audace. Leur tâche est de frayer avec le gratin, d'obtenir des scoops, d'incarner l'élégance de la revue. Du coup, il faut dormir dans les mêmes hôtels que les princesses, prendre son petit déjeuner aux côtés d'un ministre pour lui soutirer quelques informations, pouvoir offrir une bouteille de whisky à un producteur pour qu'il vous invite sur le tournage.

Vadim est à son aise. De ses années dans les salons, il a appris à se tenir. Il part en reportage avec un photographe et, au retour, les images sont publiées sur une double page, Vadim écrivant des petits textes très brefs, rarement plus de 1 000 signes. En coulisse avec Juliette Gréco, dans la maison de famille de Jean-Pierre Aumont, sur le montage des décors de la future pièce dont le Tout-Paris va parler. Il est l'envoyé spécial mondain, celui qui connaît les codes et tutoie les vedettes. Ces articles n'ont pas un grand intérêt. Ce sont des textes d'annonces, du name-dropping et de l'anecdote. Ce n'est pas très fatigant à faire. Il va au Ritz ou au Flore, ses collègues partent en Égypte ou au Pérou. Mais il n'y a pas de distinction entre les sujets, ils s'apprécient tous. C'est l'époque où le journalisme populaire s'invente en triomphant, où il est aussi important d'enquêter que d'aller boire des verres au bistrot La Belle Ferronnière, le vrai quartier général de *Match*, juste à côté de la rédaction, et croiser les mannequins qui sortent des studios des maisons de couture du Triangle d'or. Ces jeunes hommes s'amusent à être adultes.

Vadim devient Roger Vadim. Ses deux prénoms, Roger, l'officiel qui n'a pas de sens, et Vadim, le vrai, le russe, il les fait imprimer au bas de chaque article. Un journaliste signe ses articles. C'est normal, c'est la règle. Ce faux pseudonyme, on le voyait dans les génériques des films, mais personne ne regarde le nom de ceux qui participent au scénario ou au casting. Là, toute la France lit Roger Vadim. Du coin de l'œil, sans y faire attention. Personne ne sait vraiment qui c'est, ce prénom familier, si français, et ce nom de famille fictionnel et étranger. Mais il s'entoure du parfum des célébrités sur lesquelles il écrit, de l'ambiance des salons, des coulisses, des tournages de films, des soirs de première. Il n'existe qu'aux yeux d'un petit monde, mais, déjà, un observateur avisé pourrait le repérer, lire la signature et voir qu'il y a un esprit pailleté et léger derrière.

La lycéenne est devenue une jeune femme, fiancée qui plus est. Elle a arrêté la danse et va même tourner quelques petits rôles. Dans *Le*

Trou normand, elle est face à Bourvil. Premier tournage, expérience détestable. Mais peu importe, le cinéma n'est déjà pas grand-chose pour elle. Elle a décidé d'en faire par lassitude, par amour pour Vadim, plus que par passion. Elle fait des photos, en revanche, pour *Elle* ou *Le Jardin des modes*. Et prend forme, très timidement d'abord, dans un minuscule milieu, un personnage, une petite poupée médiatique, Brigitte Bardot. Elle n'est pas célèbre, mais on la suit, on la regarde.

« Brigitte a trouvé son mari à *Paris-Match.* » La double page paraît dans l'hebdomadaire à la fin du mois de décembre 1952. On lit : « Brigitte Bardot, cover-girl qui fut deux fois en couverture de *Paris-Match*, et vedette de cinéma, qui a déjà tourné deux films, a épousé samedi dernier Roger Vadim, l'un des plus brillants reporters de *Match*, en l'église Notre-Dame de Passy. (...) À la sortie de l'église où le scénariste-journaliste venait d'épouser la petite star, leurs amis souhaitaient aux jeunes mariés de faire beaucoup de films. » À côté, dix images : Brigitte qui prend son dernier petit déjeuner chez ses parents, Brigitte qui se fait habiller en robe de mariée, Brigitte et Marc Allégret, Brigitte et Vadim qui signent les registres, Brigitte et Vadim qui sortent de l'église, et puis Brigitte et Vadim, dans l'ascenseur, photographiés en contre-plongée, avec la légende « L'escalier du bonheur ».

Le 28 septembre 1952, elle a eu dix-huit ans. Vadim est devenu catholique, et il a un travail. Alors, ce vendredi 19 décembre à midi, ils se marient à la mairie du 16e arrondissement. Le soir, Vadim doit dormir dans le salon, Bardot père refusant de les laisser partager la même chambre, puisqu'ils ne sont pas encore mariés devant Dieu. C'est chose faite le lendemain. En cadeau de mariage, Vadim offre à Brigitte un petit chien, Clown.

Ça y est ! Des mois et des mois d'attente, à faire semblant de rien, à s'aimer en cachette, à faire croire qu'on ne s'est pas embrassés. Trois ans et demi à se demander si ça allait arriver un jour. Et voilà qu'ils sont sur la route, direction Megève, où ils passeront leur lune de miel. Ils en rêvaient et Brigitte a peur. Pourquoi pleure-t-elle ? Sans doute a-t-elle compris que l'enfance est finie et que, maintenant, elle est seule. Sans doute sait-elle aussi que Vadim ne sera que ce qu'il est, depuis le passage à la mairie et à l'église : un mari. Il n'est plus ce beau jeune homme dont elle rêvait la nuit cramponnée à son oreiller. Il est son époux. Et elle sera l'épouse parfaite. Rue Chardon-Lagache, les parents Bardot leur ont offert un appartement. D'abord, le matelas est posé au sol, quelques meubles à peine. Une petite vie s'installe. Brigitte court dans tout Paris pour dénicher des chaises, les bons rideaux. Elle regarde à la dépense, est capable de passer une après-midi entière pour économiser quelques francs. Cela amuse Vadim. Parfois, ils se disputent, violemment. Elle le fout dehors, il se retrouve en pyjama sur le palier. Elle a des accès de mélancolie, il la console. Ils se disputent pour des histoires de côtelettes. Il lui fait croire n'importe quoi, que les pâtes poussent dans les champs, que les poilus de la Première Guerre mondiale ont les testicules qui tombent jusqu'aux pieds. Elle gobe tout et se rend compte ensuite qu'elle s'est fait berner. Il voit ses copains, a des aventures, sort toujours à Saint-Germain, traîne le soir, ne rentre pas toujours très tôt. C'est difficile de résister à tout, même quand on est jeune marié.

Elle cuisinait mal. Ils voyaient leurs amis, Gélin, Delorme, Maurice Ronet, leurs familles… Un jour, elle l'a enfermé dehors. Il a dû casser la porte pour rentrer. Leur bonne s'appelait Olga. Il a évité l'appel du service militaire. Elle câlinait Clown, le chien. Ces détails et anecdotes, je les lis et je n'arrive pas à m'en défaire. Chacun d'entre eux, aussi insignifiant soit-il, et ils le sont tous, semble s'adresser à moi, me mettre au défi de comprendre le charisme de BB, la nonchalance de Vadim. J'essaie de voir dans telle anecdote un indice, un élément que je pourrais transformer en symbole, un accroc particulier que je pourrais utiliser, en faire la trame d'un canevas. Voire, dans un moment de délire, sonder la décoration de l'appartement de la rue Chardon-Lagache ou le récit d'un dîner entre amis et, pourquoi pas, en tirer une prophétie sur cette révolution culturelle que sera Bardot, sur la culture pop. Et pourtant non. Cette vie-là, ce train-train post-mariage qui s'installe n'a rien d'extraordinaire. Je n'arrive pas à m'y résoudre.

Les êtres qui nous frappent, par leur beauté, leur charisme, sont parfaits. Tellement qu'on n'imagine pas leur quotidien. On ne les envisage pas au réveil, si ce n'est dans un halo idéalisé, cette même lumière qui envahit les pubs et les comédies romantiques. On n'est même pas jaloux. Untel n'est pas comme les autres, pas comme nous. Ce n'est pas réel. On isole l'admiré dans une solitude parfaite, détachée de toute considération pratique. Cela nous convient. Mais quand on découvre que cette même personne, qu'on est heureux d'admirer dans un bar en vogue, ou sur un écran, est en couple avec une autre à l'aura comparable, on est perdu. C'est incompréhensible d'imaginer ces deux perfections cohabiter, partager un quotidien fait d'assiettes pas propres, de chasses d'eau ou de chaussettes sales. Pour combler cet écueil, on les imagine comme un seul être, flottant et évanescent, sans la terrible trivialité de la vie. On leur donne cette chance-là, tandis que nous-mêmes ne savons plus comment nous débarrasser de toute la saleté du quotidien.

Un mouvement de balancier s'installe : à chaque détail trivial de la vie du jeune couple Vadim-Bardot, je le sonde pour que s'éclaire un axe plus grand. À peine devient-il évident que tel moment est capital, voilà que le réel le plus idiot ressurgit, qu'il me happe, me fait replonger dans l'égrènement du journal de bord. Je n'arrive pas à me sortir de ce va-et-vient, de ce zoom déglingué qui veut saisir le minuscule quand il surplombe l'ensemble. Je me laisse attraper par ce mouvement, j'apprécie d'être trimballé dans les montagnes russes. Je veux raconter une vie, j'en deviens doucement spectateur. Je la contemple et me laisse saisir dans sa torpeur. Assis dans un coin du salon de la rue Chardon-Lagache, je ne suis pas le seul observateur. Nous sommes deux. Moi et Vadim. Il regarde Brigitte sans s'arrêter. Elle se lave, s'habille, mange, danse, rit devant ses yeux. Ce sont des petits riens, mais, à chaque instant, elle a un public. Il n'y a rien de plus exigeant. Ça, elle ne le sait pas encore, elle le saura quand la gloire future l'obligera à fermer ses volets en plein jour pour ne pas être observée, quand les rues deviendront inaccessibles. Il l'admire, l'inspecte. Il veut qu'elle soit parfaite, il en a le droit, c'est le prix qu'elle doit payer pour se sentir aimée. Il préfère quand elle laisse son chandail ouvert, lui dit qu'elle ne doit pas hésiter à mettre des jupes au-dessus du genou. Elle mange, il lui lance qu'elle est très belle, comme ça, à croquer une pomme à pleines dents, qu'elle n'a pas à se soucier des bonnes manières assénées pendant dix-huit ans. Quand elle tire la tronche, il lui assure qu'elle n'est jamais aussi belle qu'ainsi, que cette moue lui va si bien. C'est étrange de la voir jurer. Quand elle dit un gros mot, il l'encourage. Chaque fois qu'elle en prononce un, on dirait qu'elle vient de l'apprendre et, comme une enfant, le répète avec délice. Il n'arrive pas à détacher les yeux. Mais ce n'est plus seulement le jeune époux qui la couve ainsi, naît autre chose.

Vadim découvre alors un pouvoir insoupçonné. À son biographe Jeffrey Robinson, Bardot confiera : « Chaque fois que je marchais, que je me dévêtais ou que je prenais le petit déjeuner, j'avais l'impression qu'il me regardait avec les yeux d'un autre, avec les yeux de n'importe qui. » Le fan est mégalomane, il veut que tout le monde sache que son idole est parfaite.

Il sait mieux encore qu'elle à quel point, et comment, elle est perfectible. Vadim n'a qu'à la laisser être ce qu'elle veut, ou plutôt la guider doucement vers cela. Et les voilà alors, ces scènes où se crée un style. Elle est là, face à son armoire. Elle prend une chemise, l'essaie; elle ne lui va pas. Elle en prend une autre, lui demande ce qu'il en pense. « Pas mal. » Il ne lui dit rien, mais la regarde sans dévier. C'en est intimidant, quelqu'un qui vous fixe ainsi. Alors, elle remonte un peu les manches, ouvre un bouton, tire ses cheveux en arrière. Se dit qu'avec une autre jupe ce serait pas mal. En effet. Pas de bijoux, non, pas la peine, tu es très bien. Du maquillage ? Allez, peut-être un peu de poudre, mais c'est tout. C'est bon. Ça a duré quelques minutes à peine, mais elle est devenue une autre. Finie la petite bourgeoise du 16e arrondissement, elle est ce que personne n'a jamais vu avant. Ni lui, ni elle, ni tous les autres. Mais il sait, le démiurge de boudoir, qu'elle est sur la bonne voie. Et puis il y a les cheveux. Quand elle se réveille, il lui dit qu'elle est si belle quand ils sont détachés, qu'elle n'a pas besoin de les lisser, de passer des heures, concentrée devant la glace, pour qu'aucun d'entre eux ne dépasse. Elle les lâche. Tout le monde adore, se dit qu'elle est belle, cette fille-là, mais que sa beauté, on n'en avait jamais vu des comme ça. Il n'y a pas de création, juste deux yeux qui ont été tellement fascinés qu'ils ont provoqué un miracle. Ils avaient tant désiré qu'une apparition a eu lieu.

Ils sortent. Chez les Mille, à Saint-Germain-des-Prés ou ailleurs. On en parle, du couple Vadim, de ces deux jeunes gens parfaits. Lui, qui connaît tout le monde et elle qui ne connaît personne, mais qui a une sacrée repartie. On rit encore du jour où, à une dadame du Tout-Paris qui se moquait d'elle et lui avait demandé si elle était encore vierge, elle avait répondu : « Non, madame, et vous ? » Elle tient son ménage et vient rejoindre Vadim le soir, à la rédaction de *Paris-Match*. La jeune fille si belle donne parfois un coup de main, ou lit le journal tranquillement en attendant son mari. Elle sait s'éclipser quand la nuit va être longue, virer en bouclage compliqué ou en bringue. Il n'a pas encore fait de film, mais elle est déjà sa star. Il le sait. À peine étaient-ils mariés qu'ils faisaient la couverture du magazine *Elle*, dans le numéro du 29 décembre 1952. « Heureuse et amoureuse année », titrait la revue. Et Bardot souriait, en robe de mariée d'hiver, longs gants blancs et large col de fourrure. Et Vadim, derrière, caché par son épouse, à l'arrière-plan, le visage couvert de l'ombre de Brigitte. Il s'en fiche, il n'a jamais voulu devenir acteur, il sait s'éclipser. À moins qu'il ne soit en retrait, comme un marionnettiste.

Il n'a pas beaucoup à faire pour qu'elle soit repérée. Un coup de fil à un copain, photographe et journaliste, et on lui consacre un article. Brigitte a désormais un agent, Olga Horstig, qu'il connaît très bien, avec qui elle travaillera jusqu'à son retrait des plateaux. Avec l'agent, Vadim joue au publiciste, invente une vedette. Mais pourquoi la calquer sur d'autres ? Vadim a compris, par intuition, qu'une star moderne devrait être authentique. Moins choucroutée, moins apprêtée, plus spontanée. En avril 1953, il l'emmène à Cannes. Il part couvrir le Festival pour *Match*. Retrouve et interviewe Leslie Caron, devenue une célébrité. Toutes les stars sont là, Olivia De Havilland, Gary Cooper, Lana Turner, Kirk Douglas... Il les rencontre, court d'hôtel en bistrot, fait la conversation aux producteurs, croise ses copains photographes. À chacun, un mot sur Brigitte. Il la présente. C'est normal, c'est sa femme. Il n'a pas besoin de la vanter tant que cela. Elle se suffit à elle-même. Quelque chose bouge sur la Croisette. D'un coup, les stars hollywoodiennes sont vieillies. Vieillies par la seule présence d'une fille de dix-huit ans, qui se balade dans un bikini blanc à motifs fleuris sur la Croisette et sur la plage. Elle a le corps tout mince et les traits délicats. Mais ce n'est pas ça qui compte, les autres ont le même. Non, elle, on dirait que ce qu'elle veut, c'est vraiment s'allonger sur le sable. Pour une fois, ce n'est pas de la pose. Vadim ne crée pas Bardot à ce moment-là, il ne le fera d'ailleurs jamais, elle n'en aura pas besoin. Mais il attire tout le monde autour d'elle, élargit sans cesse son cadre. Il ne sera pour rien dans l'invitation qu'elle, la jeune starlette sans film, recevra de monter, en compagnie d'autres actrices, à bord de l'*USS Midway*, porte-avions américain en rade dans le sud de la France. Une fois sur le pont, elle enlève son manteau sage, et la voilà en robe courte. Les marins l'acclament, crient son nom, anglicisé en « Bridget, Bridget, Bridget ! »

Le journalisme ennuie Vadim, il se met en congé de *Match*. À partir de la fin 1954, début 1955, on ne trouve plus d'articles signés par lui. Il est temps de signer un film. Il (co)écrit des scénarios, dont certains rôles que Bardot va jouer, et qui lui ressemblent toujours davantage : *Futures Vedettes*, où elle partage l'affiche avec Jean Marais ; *Cette sacrée gamine*, de Michel Boisrond. La photogénie de Bardot, l'entregent de Vadim, tout cela commence à payer. Cover-girl, on la voit en une de magazines, *Les Veillées des chaumières*, l'italien *Tempo*, l'anglais *Picture Post*... Son nom circule. La presse populaire raconte la mue d'une jeune femme.

Au tournant de l'année 1945-1946, Norma Jean Baker est devenue Marilyn Monroe chez Frank & Joseph, salon de coiffure de Los Angeles. L'esthéticienne de la séance de décoloration s'appelait Sylvia Barnhart. David Hockney s'est teint en platine après avoir vu une publicité pour le shampooing Clairol, dont le slogan promettait le bonheur en échange de la blondeur. Pour Bardot, comment est-ce arrivé ? Est-ce qu'un jour, alors qu'elle s'habillait et qu'il la regardait encore une fois, Vadim le lui a suggéré ? Lui a dit qu'elle serait formidable si elle s'éclaircissait les cheveux ? À moins que ce ne soit elle qui en ait eu l'idée ? Et qu'il l'ait encouragée ? Pensaient-ils à Marilyn ? À Martine Carol ? À Marlene Dietrich ? À Jean Harlow ? Quoi qu'il en soit, Bardot est devenue blonde dans ces années où elle s'affranchissait poussée par le regard de Vadim. D'abord, c'est léger. Quelques teintes plus lumineuses, qu'on saisit mal sur les photos en noir et blanc ou sur les images de l'époque, à la bichromie rehaussée par des aplats de couleur. Et puis ça s'est accentué. Vadim a gagné, il a épousé la jeune fille. Elle est libre, sauvage, magnifique. Elle est blonde, s'habille comme ça lui chante, parle comme elle le désire. Elle est moderne, plus que personne d'autre. Il continue à la regarder, comme avant. Mais ce n'est plus la même chose. À peine s'est-elle ainsi métamorphosée qu'elle lui échappe. L'amour est toujours présent, mais il a changé. Ce n'est plus la passion folle, tant pis. Ce qu'il perd, il cherche à en tirer de la gloire. Comme le fan originel qui hurle qu'il était là avant, au premier concert, celui qui a repéré l'idole, qui l'a félicitée en premier. Brigitte ne ressemble à personne d'autre avec ce visage qui boude, ce corps qui bouge. Des filles pareilles, personne n'en a jamais vu, mais elle est la modernité même. Il en est persuadé. Il n'a plus qu'à le montrer au monde entier.

Coup d'essai, coup de maître

La jeune fille danse dans la boîte de nuit. Elle est blonde, seule sur la piste. On ne la remarque pas. Et puis, sans prévenir, elle se déchaîne. D'un coup, elle part en transe. Elle tord ses bras, les lance en l'air. Ils se multiplient. C'est Shiva. Et puis, il y a les jambes. On dirait qu'elles n'ont pas d'os, que la chair bouge toute seule. La sueur perle sur son front, elle ne l'essuie pas, laisse les gouttes glisser sur les tempes et le front, contourner la commissure des lèvres, effleurer le menton, et descendre sur son corps, l'inonder. Elle s'anime dans tous les sens, mais les gouttes tombent, comme si elles se moquaient de ce corps fou. Autour, les couples de danseurs se sont mis sur la touche. Dans cette boîte de nuit romaine, à quelques centaines de mètres du Vatican, on n'avait jamais vu ça. Des caprices de pin-up, des croqueuses de diamants qui se déhanchent pour le milliardaire du jour, des vedettes américaines en villégiature à Cinecittà qui veulent en montrer aux jeunes Romains, des gigolos qui se lancent dans des kazatchoks pour impressionner la cliente, oui. Mais des mouvements pareils, jamais. Et la danse ne s'arrête pas à la piste. Le tourbillon se déplace. C'est toute la salle qui suit Brigitte du regard. Ça pourrait donner le tournis, mais elle s'en moque bien. Elle s'approche du pianiste, le fixe des yeux, continue de danser.

Vadim est sur une banquette. Il se lève pour lui dire qu'il va rentrer. Il s'approche de Brigitte. Elle ne s'arrête pas de danser. Lance bras et jambes en l'air, jette le bassin dans un sens, les épaules dans l'autre. De la tête, elle fait un tout petit mouvement. Quelques millimètres à peine, mais qui suffisent pour dire non. Non, je ne m'arrêterai pas. Non, je veux rester ici à danser. Non, je ne t'aime plus comme avant. Il retourne s'asseoir, reprend la discussion avec ses amis. Il n'a plus que ça à faire, comme tout le monde, d'ailleurs. La regarder encore et encore. À Cannes, il l'avait vue danser, impressionner tout le monde en hurlant, par chacun de ses pores, que ce corps était libre, qu'il n'était plus seulement à lui. Elle s'était jetée du champagne sur elle-même, avait tressailli à chaque pas.

Il a beau ne plus l'aimer non plus comme avant, il en est accro. Il tente de s'échapper mentalement de Brigitte qui, sur la piste, s'offre à tous et s'interdit à lui. Dans ces moments pareils, l'esprit n'a pas d'autre choix que d'essayer de vagabonder. Mais c'est toujours sans succès. On rattache tout au spectacle de l'amour qui se détruit. On va chercher une comparaison avec tel personnage de livre, telle phrase d'une chanson. Même l'actualité, on la fait venir en nous. Les déboires d'une chanteuse, les frasques d'un ministre, le ressort d'un fait divers. Tout colle. On se prend à penser qu'on est les frères d'infortune d'un secrétaire d'État, d'une déesse grecque ou d'une marquise du XVIIe. Dans cette boîte, Vadim pense machinalement à quelques lignes, lues dans un journal. Une jeune femme qui a été la maîtresse de trois frères. L'affaire s'est finie en règlement de comptes, elle en a tué un. Vadim demande du papier à un serveur. Et, pendant que Brigitte danse, il noircit les pages, lance des pistes.

Des idées de scénario pour Brigitte, il en a déjà eu. Mais là, tout s'éclaire. Il note une intrigue toute simple : une fille magnifique qui affole un village entier. La scandaleuse, la fainéante. Et trois jeunes hommes qui tombent amoureux d'elle. L'un est hâbleur, prétentieux et sadique, l'autre joyeux et le dernier torturé. Il est ces trois-là à la fois, et la jeune fille, amoureuse cruelle, ça ne peut être que Brigitte, qui ne s'arrête pas de danser. Le lendemain, il rentre à Paris.

Raoul Lévy et lui se connaissent depuis quelque temps. Lévy a six ans de plus que lui. Il est né à Anvers, est passé par la Royal Air Force pendant la guerre, veut produire des films, a entendu parler de ce jeune mondain et de ses conquêtes féminines, qui s'est mis en disponibilité de *Paris-Match* pour faire du cinéma. Lévy n'a encore quasiment rien produit, et Vadim n'a pas plus réalisé. Et Brigitte peut être une star, ils le savent. Ils réfléchissent à un sujet, rien ne prend vraiment. Mais cette histoire, pourquoi pas ? Ça pourrait marcher. Un portrait de jeune fille, une fratrie qui se consume, comme cette France qui remue de désir mais refuse de se l'avouer. Essayons.

La Columbia est partante. Elle veut bien du film, est un peu réticente pour Bardot et Vadim. Après tractations, elle accepte, à la seule condition qu'il y ait une tête d'affiche, comme Curd Jürgens. L'acteur austro-allemand est une vedette dans la sphère germanophone et il pourrait donner au film une dimension européenne. Sans lui, la Columbia ne veut payer ni pour les couleurs, ni pour le CinemaScope. Mais il faut aussi le convaincre de rejoindre une aventure avec un metteur en scène et un producteur débutants. Lévy et Vadim prennent l'express de Munich. Dans le train, ils discutent du scénario. Il y a un hic. Jürgens a quarante ans, et n'a ni l'âge ni le physique d'un jeune homme qui, à peine sorti de l'adolescence, s'amourache d'une sauvageonne. Lévy demande à Vadim d'écrire un rôle pour lui. Arrivés à Munich, ils atterrissent à l'hôtel Vier Jahreszeiten Kempinski. Lévy loue une suite et installe Vadim à une table de travail. Peu importe l'argent qui manque, il joue au producteur généreux. Caviar, saumon et vodka arrivent via le room-service. Vadim se met à écrire. Lévy lui envoie une call-girl pour le motiver. Le repos du cinéaste, avant même qu'il ne s'épuise. Maria est belle, grande, brune, mais Vadim est occupé. Il discute avec la jeune fille, qui parle français et se trouve être dactylo. Alors, dans la chambre munichoise, Vadim remplit son carnet, coupe et réécrit, et dicte à Maria, qui, en tenue légère, assise à la table, tape encore et encore cette histoire d'amour dans le Sud, la convoitise du milliardaire, la vengeance du frère cadet, la vantardise de l'aîné, l'extravagance de la jeune fille. Maria lui suggère que, afin que l'héroïne ne passe pas pour une putain aux yeux du public, il faut qu'elle se fiche de l'argent du richissime homme d'affaires. Deux jours plus tard, le scénario est réécrit, avec un rôle pour Jürgens, celui d'un richissime étranger de passage dans le sud de la France et que les projets immobiliers mettent en conflit avec la famille des trois jeunes frères. Jürgens accepte. C'est parti.

Le tournage démarre le 3 mai 1956 à Saint-Tropez. Vadim est déjà venu là pendant la guerre, et Colette lui avait parlé de ce village parfait. Françoise Sagan aussi, qui commence à fuir le clinquant de Paris pour le Sud. Elle loge près de la Ponche, Vadim et Brigitte à l'Hôtel de l'Aïoli, près de la Citadelle. L'équipe est restreinte : Armand Thirard derrière la caméra, Jean André au décor, Suzanne Durrenberger est scripte. Aux studios de la Victorine à Nice, Victoria Mercanton monte les rushes. Quant au casting, pour jouer les trois frères, se retrouvent Christian Marquand, Georges Poujouly, et Jean-Louis Trintignant. Ce dernier a surtout fait du théâtre, n'a pas le physique de jeune premier de Marquand, mais il est superbe, fragile, et à rebours de tous les autres. D'abord, Brigitte ne l'aime pas et lui bat froid. Le tournage commence, avec un scénario mince : Juliette Hardy, orpheline vivant chez une horrible famille d'accueil, scandalise tout un village avec sa fainéantise, sa manière de bronzer nue et ses bons mots. Le riche Eric Carradine est attendri par elle, mais il ne la séduira jamais. Elle aime l'aîné des trois frères, qui se moque d'elle, et c'est avec celui du milieu qu'elle se mariera.

Et Dieu... créa la femme est-il un bon film ? À chaque visionnage, c'est le même effet. C'est un peu long, l'histoire ne tient pas vraiment. Il n'y a pas de ces sous-couches qui font d'un film un sommet. Et pourtant, chaque fois que ma main s'approche de la touche « arrêt » de mon ordinateur, chaque fois que ça suffit pour aujourd'hui, un réflexe m'interrompt. Je vois le visage de Bardot, j'entends des phrases. « Quel cornichon, ce lapin » que l'héroïne prononce tandis qu'elle cherche son animal dans un champ. Ou bien : « Je travaille à être heureuse », lancée à sa belle-mère. Ou encore : « *Perdicion, que ritmo, perdicion* », chanté d'une voix maladroite. Ces phrases sont toutes simples. Mais elles me projettent ailleurs. Ce ne sont pas des dialogues, mais des mots qui viennent m'attraper pour me dire que je ne regarde pas un film, que je me trompe. Non, ce qu'il faut voir là, c'est Bardot qui bouge, Bardot qui jure, Bardot qui fixe l'écran et le toise, Bardot qui danse.

C'est un film « moderne », lit-on partout. Il incarne une nouvelle façon de penser le cinéma, la femme, l'amour. Et pourtant, alors même que, comme dans une photographie où des éléments seraient fléchés et légendés, tout est clair (les cheveux décoiffés, le regard ardent, la nudité comme des indices), quelque chose m'arrête. C'est trop évident, cela manque de mystère. Surtout, je le trouve suranné, ce film si moderne. Que Bardot danse différemment d'autres actrices dans d'autres films, c'est limpide. Que, des décennies plus tard, cette danse me transporte, moi qui n'ai pas connu l'avant, c'est impossible. C'est comme pour *Citizen Kane*. En tournant son premier film, Orson Welles a filmé des plafonds. On les voit au-dessus des acteurs, ce qui ne se faisait pas auparavant. La belle affaire. Des plafonds, j'en vois au cinéma depuis que je suis petit. Je ne peux pas m'extasier. Je peux reconnaître les faits, souligner la nouveauté, mais m'extasier, c'est plus difficile.

Le goût du rétro nous enjoint de regarder des vieilles images, les films qui ont tout changé en leur temps. Il faut qu'on se les mette devant la figure. Et on s'ennuie. Ce n'est pas que ce soit inintéressant, mais on ne voit rien d'autre que les mouvements pataudes de l'une, la voix qui sonne faux et grésille. Et, puisque ça ne marche pas, puisque nous n'arrivons pas à nous mettre à la place des spectateurs qu'on aurait pu être des années auparavant, on fait avec ce qu'on a. On retient l'anecdote, on prend tel événement et on le lit comme une étape préparatoire. Bardot danse devant la caméra comme une folle ? C'est normal, elle électrisera le monde, au cinéma comme à la télé. Bardot est allongée toute nue et sur le ventre ? Oui, comme dans *Le Mépris*. Vadim filme sa femme magnifique dans une histoire d'amour qui tourne mal ? Évidemment, elle va vite le quitter.

Il a fait ce film pour elle, pour elle qui ne l'aime plus comme avant. Ils ne se l'avouent pas, mais c'est pareil. Il lui reste ce film. Il avait promis d'en faire une star, il y arrivera, ce sera son cadeau. Comme le chien Clown. Alors, il sait précisément ce qu'il faut faire. Il demande qu'on la farde le moins possible, il ne tourne jamais plus de deux prises. Le planning du tournage se construit dans l'ordre du scénario pour que la liberté de Juliette, son désir d'émancipation qui se révèle, soit logique, qu'il accompagne Brigitte quand la caméra ne tourne pas et que, le soir, elle soit en mutation. Ce n'est pas la *Jeanne d'Arc* de Dreyer, incarnée jusqu'à la démence, on est ici chez des hédonistes, des gens qui vont en terrasse sur le port et qui écument les bars... Mais Vadim veut saisir la vérité de Brigitte, ce corps qui commence à vivre à l'écran. Il revit alors leurs moments de bonheur. Elle qui s'était éloignée de lui, il la rassure, comme quand elle pleurait de devoir rentrer rue de la Ponche, il lui dit qu'elle est belle, comme dans leurs premiers temps rue Chardon-Lagache. Il l'a encore à lui, rien qu'à lui. Sur une photo, prise près de la Ponche, ils sont assis tous les deux sur des fauteuils de tournage. Sur l'un est écrit « M. Vadim », sur l'autre « Brigitte BARDOT ». Ils se tiennent la main et se retournent vers l'appareil. Lui a encore un visage innocent et, elle, a celui de la jeune starlette très sage. L'image est parue dans plusieurs revues de l'époque, *Paris-Match* notamment. Vadim n'avait pas oublié de prévenir ses copains photographes des dates et lieux du tournage. Cette photo ressemble à celle d'eux deux dans l'ascenseur, le jour de leur mariage: parfaite, l'incarnation même du couple adorable, du jeune réalisateur prometteur et de son actrice dont il est amoureux. Un bonheur comme on en trouve dans les magazines.

Après trois semaines à Saint-Tropez, l'équipe part à Nice, aux studios de la Victorine, pour tourner les scènes d'intérieur. Vadim et Brigitte dorment à l'hôtel Negresco. Jean-Louis Trintignant dans une pension à La Colle-sur-Loup, dans l'arrière-pays niçois. Dans le film, Juliette est d'abord indifférente à Michel, le personnage de Trintignant. Et puis elle le regarde enfin, ils s'aiment, se marient. Mais elle n'arrive pas à l'aimer comme il faut. Elle sent que, alors que leur histoire démarre, elle a une date de péremption, qu'elle n'arrivera pas toujours à l'aimer. Et Vadim ne filme que cela. Pensait-il, en écrivant et en discutant avec Lévy, qu'il filmerait sa propre histoire d'amour ? Que ce couple qui n'arriverait pas à vivre à l'écran, ce serait le sien, Brigitte et lui ? Elle partira, il le sait. Mais il faut quand même continuer à faire bonne figure, pour le reste de l'équipe, pour le film, pour lui-même. Ils ont conclu un accord tacite. Attendre la fin du tournage pour en finir. Les journalistes parlent du premier film de Vadim, ils envoient quelqu'un le temps d'une journée pour un reportage. Il est ravi, alors, comme il sait si bien le faire, ajoute quelques anecdotes sur Brigitte, prépare la campagne de presse du film. Mais ces mêmes journalistes reviennent à Paris avec un ragot : Bardot aurait succombé à son partenaire, Jean-Louis Trintignant. Les journaux tournent autour du plateau, demandent des échos aux figurants. Les photographes sont là, la pub autour du film commence, et Vadim ne fait rien pour l'enrayer.

À quel moment est-ce arrivé ? À Saint-Tropez ? À Nice ? Brigitte va partir avec ce jeune acteur qu'elle trouvait un peu ridicule, mais qui s'est avéré magnifique, brûlant et timide. C'est la revanche de Brigitte, celle de Juliette aussi. Elle rejoint Jean-Louis dès qu'elle peut. Vadim ne pense qu'à filmer cette Brigitte qui en aime un autre. Un jour, il est jaloux, dévoré de voir qu'elle ne pense qu'à rejoindre son rival. Et puis, sur le plateau, quand la caméra tourne, il la pousse, à mots couverts, à jouer ce qu'elle vit. Il avait rêvé *Et Dieu… créa la femme* comme un document sur une jeune femme de son époque, voilà qu'il signe un testament de son propre mariage. Il devine que c'est cette vérité banale, mais absolue, qui donnera au film sa fulgurance. On ne voit Vadim que dans un plan du film, une apparition dans un bus qui ne s'arrête pas pour prendre Juliette à son bord, mais il est dans chaque scène. Surtout dans la plus célèbre d'entre toutes, celle qu'on verra sur les affiches, qui marquera les esprits au point d'avaler le film : Brigitte qui danse et danse encore, en sueur, qui ne s'arrête plus de bouger dans tous les sens, de relever sa jupe, alors que l'homme qui l'aime la supplie de la rejoindre, comme dans la boîte de nuit romaine.

Il se met dans la peau de son rival. Les virées des deux dans les hauteurs de Nice, les rendez-vous, les mots échangés à voix basse entre les scènes, il les devine, mais il n'en a pas de détails. Pour garder la maîtrise, il allume la caméra. Mais ça ne dure qu'un temps, celui de quelques prises et scènes. Au début de l'été 1956, le tournage se finit, Brigitte est partie avec Jean-Louis.

Il se retrouve seul, achève les visionnages de rushes à Nice, prépare le montage qui aura lieu à Paris. Et part à Saint-Tropez. Là, Sagan lui dit : « Il faut célébrer la fin d'un amour comme on célèbre la mort à La Nouvelle-Orléans, avec des chants, des rires, de la danse et beaucoup de vin. » Il fait tout cela, à l'Esquinade ou ailleurs, rejoint ses copains, fréquente des filles, en rameute d'autres, se fait des amis d'un soir, dont un jeune touriste allemand, à l'attelage timide qui ne laisse pas deviner qu'il est richissime, et encore moins qu'il épousera un jour Brigitte Bardot, l'héritier Gunther Sachs. Vadim est triste, c'est une évidence. Sans doute Brigitte l'est-elle aussi, même si elle écrira que ses instants d'amour avec Trintignant ont été les plus heureux de sa vie. Mais Vadim se réfugie dans ce qu'il fait depuis toujours, l'amusement. Il prend une chambre à l'hôtel Bellman, dans le 8e arrondissement. La désinvolture est toujours le moteur. Rien n'a eu d'importance jusque-là, il n'y a pas de raison que cette séparation en ait elle aussi. Du moins en apparence. Il explose parfois, comme cette nuit où, revenu à Paris, il court rue Chardon-Lagache et se désespère de deviner les silhouettes de Jean-Louis et Brigitte aux fenêtres de son ancien appartement. Ou bien cette autre fois, où il menace de se suicider. Il sait qu'il a trop à faire pour tout envoyer en l'air, trop de monde à conquérir, et surtout à séduire.

On rêve du premier exploit. De la première fois où notre nom apparaît quelque part, en grand, et où tout le monde vous félicite. Autour de Vadim, beaucoup réussissent. Chacun dans son domaine. Sagan est une vedette, comme Marquand, Bardot. Gélin, célèbre lui aussi, Hossein commence à être reconnu dans la rue. Vadim reste l'étincelle des salons, celui avec qui il faut être. Il est sur la photo. Accompagnant Bardot, Gréco, Brando. Dans la légende de l'image, on le mentionne toujours, mais on ne se rue pas sur lui. Il mise tout sur *Et Dieu... créa la femme*. Il rêve déjà du succès. Il a pensé son film comme un pied de nez à la morale de cette France qu'il connaît si bien, de cet establishment qu'il croise dans les soirées. La commission de contrôle cinématographique s'inquiète. Après visionnage, elle exige des coupes et interdit le film aux moins de seize ans. Tout ce qui est vaguement érotique passe à la trappe : la robe de Brigitte que Marquand fait glisser, quelques images où on verrait trop son corps. On lui dit que les scènes de nu sont indécentes, trop longues. Lui rétorque qu'il n'y en a pas, s'indigne, crie au moralisme. Partout dans Paris, il le fait savoir. Il raconte que le président de la commission serait sorti de la salle de projection en criant : « C'est le diable ! » Est-ce vrai ? Peut-être. Quoi qu'il en soit, la phrase s'imprimera sur l'affiche : « Et Dieu créa la femme… Mais le Diable inventa B.B. » Ayant vu et apprécié le film, Curd Jürgens, frappé par la présence de Bardot, a l'élégance de demander à la production que le nom de l'actrice soit placé au même niveau que le sien, si ce n'est au-dessus.

Vadim rameute amis et journalistes à la projection du 28 novembre 1956 au cinéma Normandie, sur les Champs-Élysées. C'est un événement mondain. Il y a l'équipe du film, évidemment, sauf Jürgens qui tourne à Hollywood, ainsi que Jacques Prévert, Jean Cocteau, Marcel Achard et Boris Vian. Dans la salle, c'est un succès. Il y a bien quelques sifflets, couverts par des applaudissements. On félicite Vadim, Bardot et les autres. C'est bien. Mais ce n'est pas le triomphe dont il rêvait. La salle n'a hurlé ni à l'indécence ni au génie. Le public vient, un peu. 70 000 la première semaine, 50 000 la deuxième, 40 000 la troisième. C'est discret au regard des succès à plusieurs millions d'entrées de *Notre-Dame de Paris, Michel Strogoff, Le Monde du silence* ou *La Traversée de Paris*. Ou bien de *Cette sacrée gamine*, avec Bardot, sorti en avril, qui dépassera les 4 millions d'entrées. L'exclusivité du film dans les salles parisiennes s'interrompt vite et le film quitte bientôt l'affiche.

Mais, ailleurs, la stratégie de Vadim a réussi. Il voulait faire parler de lui, il a gagné. *Combat* écrit : « Dans un genre, il est préférable de s'offrir une séance de strip-tease. » Ailleurs, c'est le déluge d'insultes. *Le Canard enchaîné :* « Ce film "ni écrit ni réalisé" par Vadim tend à prouver que le tortillage d'un croupion peut être considéré comme un des beaux-arts. » *Le Figaro littéraire*, sous la plume de Claude Mauriac : « Le narcissisme délirant de Mlle Bardot comme la complaisance de son metteur en scène à l'exhiber, excédant toute mesure. » *France-Soir :* « Tout un film basé sur la mise en valeur des avantages physiques d'une jolie fille, de ses impudeurs et de ses trémoussements, c'est fastidieux et assez déplaisant. »

Qu'elles sont étranges, ces coupures de presse, que je retrouve rassemblées et numérisées. Qu'ils sonnent bizarre, ces mots, avec leur phrasé daté, leur virulence qui me paraît bien polie. Ce film, si vieillot sur nos écrans, a été un jour moderne. Magnifiquement moderne, honteusement moderne. Ce que l'immense majorité des critiques de cinéma français reproche à Vadim, c'est d'être de son temps. Il a filmé sa femme avec cynisme, voyeurisme, maladresse, ambition, désespoir. Mais c'est surtout de l'essentiel qu'il est coupable, d'avoir filmé une jeune fille de son époque, comme elle est parfois, comme elle rêve d'être tout le temps. C'est ce que les quelques défenseurs du film louent. Jacques Doniol-Valcroze, dans *France-Observateur* : « Il y eut James Dean. Il y a Brigitte Bardot... Brigitte Bardot, c'est soudain le lieu géométrique de la moitié des jeunes filles que nous avons connues depuis dix ans. » Dans un article du 12 décembre 1956 de la revue *Arts*, François Truffaut écrit : « Tout Paris l'a vu, tout Paris en parle ; il y a ceux qui se lamentent : "Ce n'est même pas cochon !" et ceux qui s'offusquent : "C'est indécent !" *Et Dieu... créa la femme*, dont il y avait tout à craindre après la campagne publicitaire gratuite menée par la censure, est un film sensible et intelligent dans lequel on ne décèle pas une vulgarité ; c'est un film typique de notre génération, car il est amoral (refusant la morale courante et n'en proposant aucune autre) et puritain (conscient de cette amoralité et s'en inquiétant). (...) Ce n'est pas un film grivois mais lucide et d'une grande franchise. » Dans *Le Figaro*, Claude Mauriac avait écrit : « Que penser d'un mari, travaillât-il pour le cinéma, qui expose avec cette complaisance le corps de son épouse, publiquement présenté aux regards dans sa quasi-nudité une heure durant ? » Truffaut lui répond : « Qu'il aime sa femme et qu'il est fier d'elle tout entière, c'est-à-dire de son corps y compris, d'autant qu'elle est actrice de cinéma. »

Il fait le tour des boîtes de nuit. À Saint-Tropez, à Paris. Va à Rome. Il court dans les salons. Il a enfin fait quelque chose. Il a ce film sous le bras. Cela n'a pas vraiment marché, les critiques se sont écharpés. Peu importe. C'est le simple fait d'exister qui compte. Aux yeux du cinéma chloroformé des années cinquante, à ceux des gens du monde qui se lassent parfois très vite des jeunes loups charmants et séducteurs. *Et Dieu... créa la femme* façonne ce nom, Vadim, celui qui a déshabillé son épouse, celle qui est partie. Je l'adore, ce Vadim-là, cette marionnette mondaine, hâbleuse et magnifique dans les boîtes de nuit ou dîners. Évidemment qu'il est ambitieux. Évidemment qu'il toise les autres avec ce succès qui n'en est pas un.

Quand, dans une réunion, mondaine ou non, quelqu'un nous lance un mot narquois, mais réussi, on le déteste d'emblée. Ce sentiment se planque au fond de nous, pour ressortir sans crier gare. Le restaurant où cela a eu lieu, la robe d'une personne présente, le nom même d'un autre ou bien la simple profession de celui qui vous a attaqué, tout cela fait ressurgir la gêne et la rancœur. Mais si cette brèche dans notre ego remonte ainsi, si violente par moments, c'est qu'on admire celui qui nous a insultés. On aurait aimé avoir sa présence d'esprit, penser au même persiflage. Cette haine qui se distille en nous masque l'admiration qu'on lui porte. Elle nous défend, de lui par instants, mais surtout de nous-même. Vadim est l'épouvantail. Il a commis quelque chose de grave. Il a failli à sa réputation de simple mondain, il n'a pas respecté ce qu'on attendait de lui, d'être un gigolo qui ne couche pas, un amuseur du beau monde. Son geste, si désuet qu'il nous paraisse aujourd'hui, est grave. Ce n'est pas *Guernica* ni les Ballets russes. Non, c'est encore pire, c'est vulgaire, à la portée de tous, trivial, grand public. Vadim est devenu réalisateur en négligeant ce qui agitait ce même aquarium. Entre les lustres de la rue de Varenne, c'était drôle d'imaginer ce qu'il pouvait faire, dans quel bar sordide il pouvait échouer avec ses amis, quel type de filles il pouvait ramasser. Il le sait depuis longtemps. Le monde tel qu'il le connaît n'a plus lieu d'être tel qu'il l'est... Advient une autre ère où des jeunes comme lui, s'ils sont malins, auront un succès immense. Il suffit juste de le vouloir, d'en profiter et de ne pas louper le train en marche.

Et puis l'Amérique. En janvier 1957, Raoul Lévy emmène Vadim à New York pour rencontrer des gens de la Columbia et défendre l'idée d'une sortie américaine. Réponse tiède. Ils vont ensuite à Los Angeles et demandent à rencontrer Harry Cohn. Le président de la Columbia est un homme autoritaire, louche avec les actrices, et a travaillé pendant l'âge d'or de Hollywood. Il aime le film, surtout Bardot. Dans sa villa de Bel Air, il organise des projections. Quand le patron de la Columbia invite, tout Los Angeles vient. Et tous, Gary Cooper et d'autres, se retrouvent devant *Et Dieu... créa la femme*. Ils n'ont jamais vu un phénomène pareil, surtout pas en Amérique. Cohn décide de sortir le film aux États-Unis. Quelques mois plus tard, à la fin de l'année 1957, Juliette danse sur les écrans américains. À chaque sortie du film dans un État, c'est le tollé. Immoral, abject, hurle la National Legion of Decency, formation catholique. Dans les villes conservatrices, on s'offusque de cette indécence européenne. Les appels à la censure se multiplient. L'Église menace d'excommunier ses spectateurs. Des manifestants font le pied de grue à l'entrée du cinéma qui le diffuse. En Californie, c'est la police qui doit garder les salles, de peur que les spectateurs ne se fassent trop amocher. Tout le monde parle de Brigitte

Bardot. Une petite dizaine de millions d'Américains voit le film. On n'avait jamais vu ça, un film français qui fasse autant parler. Et une telle actrice ! Elle est si différente des actrices hollywoodiennes, plus vraie. Mais cette vérité, ce n'est justement pas celle des mères de famille permanentées et en twin-set des banlieues, qui amènent leurs enfants au camion du glacier et qui ne s'offusquent pas que les Noirs n'aient pas de place assise dans le bus. Bardot, c'est ce secret que les hommes gardent, cette fille qu'ils rêveraient d'avoir, mais ils n'ont pas le cran de l'avouer. *And God created Woman* dit l'affiche. *But the Devil invented Brigitte Bardot.* Vadim ne devient pas, comme Brigitte, un nom connu des foyers américains, mais il est le Diable. Celui en coulisse qui agite et lance aux yeux de tous un monstre, une créature. Il est le Diable aux États-Unis, au Royaume-Uni, au Japon, dans toute l'Europe. À Paris, ils attendent fébrilement les chiffres du monde entier. À chaque pays, c'est l'explosion de joie. Résultat : des millions de dollars de recettes pour la Columbia rien qu'aux États-Unis. Le film ressort en France. Voilà le vrai carton. Presque quatre millions d'entrées, un Français sur onze. Un million à Paris, un Parisien sur trois. Les moralos ont perdu, Vadim a gagné.

Ça arrive sans qu'on s'y attende. Un livre sort, ou un film, voire une émission de télévision. Son auteur, bon ou mauvais, sale type ou mec bien, se met à incarner bien plus que son succès. Il devient le héros de son temps. Dans ses prises de parole, aussi légères soient-elles, dans sa manière de rouler les manches de sa chemise, dans sa conduite, à toute allure, de sa Ferrari. D'un coup, on voit débarquer cette personne et cela nous semble évident. On ne lit plus le monde autrement que sous son prisme. Loterie cruelle. Elle n'élit pas forcément les meilleurs, ni les pires. Elle choisit juste de placer quelqu'un très haut et lui donne la pire injonction possible : sois toi-même. Incarne-nous. Sois beau, magnifique, flamboyant. Tout ce qu'on n'arrive pas à être, tout ce dont on rêve et auquel on n'accède pas, englués dans notre quotidien. Des années plus tard, on retombe sur un vieil article de journal et tout prend sens. On ne se dit pas : « Celui-là est typique de cette époque-là », mais l'inverse, que c'est cette période qui a été façonnée par lui, qu'il a su, ce démiurge discret, instiller quelque chose, saisir l'esprit de son temps et le mettre à sa sauce. Au milieu des années cinquante, la France essaie de réécrire son scénario et se cherche des acteurs.

« Les jeunes préparent une surprise » paraît dans *L'Express* du 5 juillet 1957. Le signataire,

Roger Vadim, écrit : « L'autre jour, en ouvrant un journal, j'ai appris qu'une délégation de parents de la ville d'Angers était venue demander au préfet d'interdire la projection de mon film *Et Dieu... créa la femme...* Motif : ils craignaient que ce film n'engage leurs enfants sur la voie dangereuse empruntée par d'autres J3 tristement célèbres (...) Après avoir refermé le journal, je me suis dit que certains parents devaient se trouver bien désorientés pour faire endosser à une paire de jambes trop voluptueuses la responsabilité de la crise d'amoralité et d'"asociabilité" de leurs enfants. » Et Vadim écrit un long texte dans lequel il parle du divorce entre les aînés et la nouvelle génération (dont il estime ne plus faire vraiment partie). Il raconte le malentendu entre des vieux qui s'offusquent que les jeunes ne respectent pas de code moral, alors que ces mêmes jeunes jugent ces règles caduques. Les grands mots, famille, patrie, ne signifieraient plus rien. Il évoque la guerre d'Indochine, ainsi que le massacre des Malgaches de 1947. Dans cet article, Vadim fait plus qu'un pied de nez à la France de 1957, il lui dit qu'elle est finie, que ses valeurs sont hypocrites. « Quand la nouvelle génération arrivera à la maturité sociale, elle réservera une grande surprise. Du moins je le crois. » L'article fait scandale, surtout pour la partie consacrée à la politique coloniale de la France, sujet qui ulcérait Vadim. S'ensuivent quelques passes d'armes avec des journalistes de droite. Vadim le jouisseur n'a qu'une envie : être aux premières loges de cette surprise-party, dans les bras d'une jeune fille sur la piste de danse si possible.

Il n'est pas le seul. Ils sont plusieurs. Pas très nombreux, mais quand même. Le 30 mars 1958, le *New York Times* en compte cinq. « France's Fabulous Young Five ». « Ce sont deux filles et trois hommes qui, à peine sortis de l'adolescence, parlent au nom de leurs contemporains agités avec un succès outrageant. » Deux filles : Françoise Sagan et Brigitte Bardot. Trois garçons : Bernard Buffet, Yves Saint Laurent et Roger Vadim. Best-sellers, cartons au box-office, vernissages où les Rolls se pressent à l'entrée, défilés de haute couture. Le journaliste P. E. Schneider écrit : « Ils sont comme des personnages de leurs propres œuvres. » En plusieurs pages est décrypté le phénomène de ces *Fabulous Young Five*. Sur Vadim : « Il ne manque pas de convictions, mais il est l'un de ceux, nombreux, qui pense que même le Christ n'aurait aucun succès aujourd'hui sans un attaché de presse. » Ils se connaissent tous. Au début de l'année 1958, Sagan a signé le texte d'un spectacle, *Le Rendez-vous manqué*. La musique était signée

Michel Magne, les décors Bernard Buffet, et la mise en scène, Vadim. Le ballet « pour les moins de trente ans » n'est pas une réussite. Les spectateurs ne se pressent pas. Il leur faut encore affiner leur tir. Ce rendez-vous a été manqué ? Pas bien grave. Ils sont trop égoïstes et jouisseurs pour se fédérer. Ils ne retravailleront d'ailleurs que très peu ensemble. Mais tous, sans plan de carrière ni stratégie, savent que la France de la fin des années cinquante attend beaucoup d'eux. Pour mieux s'en plaindre, ou en rire. Peu importe : ils ont remporté la bataille. Et il faut célébrer la victoire.

Liaisons heureuses

La jeune fille danse dans la boîte de nuit. Elle est blonde. Sa sœur est avec elle. Elles sont trop apprêtées, comme les mannequins d'un magazine. C'est un peu étrange de les voir, ces filles aussi jeunes, blondes et très maquillées, habillées comme des dames, mais l'air timide et craintif. Les deux Danoises sont dans une discothèque de la rue Saint-Benoît. On continue d'aller à Saint-Germain-des-Prés. On y fréquente, on se jette dans les bras du maître d'hôtel, on fait la même blague que la veille à la dame pipi du Flore. Tout ce petit jeu, cette familiarité surjouée, c'est pour signifier qu'on fait partie du paysage. Les suiveurs sont arrivés. Ceux qui ont lu dans un journal où il fallait être vus. Ça énerve ceux qui n'avaient pas de parcours fléché, qui ont inventé le leur, de se voir supplantés sur leur propre terrain. Mais au moins, ça leur fait une cour. Parfois, quelqu'un de nouveau est accepté. Les critères sont toujours plus restrictifs qu'avant, il y a trop de demandes.

Annette Stroyberg vit à Paris depuis quelques mois. Elle est mannequin, a voyagé en Iran, au Liban, à Londres. En France, sa sœur Merete l'a rejointe, et elles ont vécu au 47, rue Vieille-du-Temple. Paul-Louis Weiller, riche industriel de l'aviation, de la finance et de l'énergie, grand mécène de l'après-guerre, possède un hôtel particulier, ancienne résidence des ambassadeurs de Hollande, et y loge ce que Paris compte de jeunes gens dans le vent, surtout féminins. Dont les sœurs Stroyberg. Un jour, le four à gaz de leur petit appartement explose, et elles se retrouvent à la rue, atterrissent dans un hôtel de l'Arc de Triomphe. Annette travaille pour des photographes, se lie vite avec la société parisienne. Elle passe quelques dimanches à Louveciennes, chez les Lazareff, tutoie par mégarde le président du Conseil Pierre Mendès France, côtoie l'Aga Khan ou des maharajas, ou ce qu'il reste d'aristos à Paris. Elle est de la cohorte de filles dont on ignore le nom, mais qui impressionne la haute. De ces jeunes femmes anonymes qu'on voit fréquenter les plus grands salons. Peu importe que, souvent, ces mêmes filles rentrent au petit matin dans des chambres de bonne, leur robe froissée, ou bien qu'elles soient très riches, et que tout soit un passe-temps.

Que l'on observe le monde comme un aquarium, via un écran de télé, ou bien du fond d'une salle, on en remarque une. Sur les marches de Cannes ou dans les échos d'une soirée, cette fille est toujours là. Fréquentant les stars, assises à leur table. Elle pose sur la photo, sourit, mais ce n'est pas le propos. Elle le fait par réflexe, parce que c'est ce qu'il faut faire. On la regarde, et le visage ne nous dit vraiment rien, pas plus que son nom soufflé à nos oreilles. C'est sa présence même qui intrigue. La star, le producteur, le millionnaire, le journaliste, le pique-assiette. Tous participent à une comédie sociale, dont on pourrait se sentir exclu, si ce n'est qu'on nous donne aussi un rôle, observer. Mais la mondaine inconnue, elle, n'en a aucun à nos yeux. Elle virevolte au fond du cadre de la caméra. On ne comprend pas ce qu'elle fait. Et ce qui nous dérange, justement, c'est ce mystère ajouté à cet univers qu'à force de contempler on pensait maîtriser. Dans son mutisme, elle nous parle, dit qu'on se fait avoir, que c'est beaucoup plus cruel que cela, qu'il n'y a pas d'un côté la plèbe (nous) et, de l'autre, les élus. Crois-moi, dit-elle, il existe un autre système, qui dépasse celui que tu connais, une mondanité qui se joue en circuit très fermé. Quelque chose qui t'échappe, que tu ne pourras jamais saisir ni voir. Dans les suites des hôtels, une fois la première du film passée et les photos faites. Dans le dîner privé où quelqu'un célèbre un succès. Sur les banquettes de la rue Saint-Benoît ou ailleurs. On les laisse rire, on les apprécie, on les invite en petit comité. Mais chacun sait qu'elles seront oubliées très vite. Leur gloire de salon passera, supplantée par une autre Prométhée mondaine. C'est le prix à payer pour avoir profité. Elles qui fréquentaient les stars comme des copines se voient reléguées au rôle de la parente éloignée dont on a honte.

Je les adore, ces filles-là. Parce qu'elles me flattent. Il faut une connaissance pour les identifier. Il y a un snobisme à ne pas se retourner vers la star que tout le monde fixe, et à préférer admirer l'inconnue, à se dire qu'elle n'a pas la même robe qu'il y a trois mois, à lui trouver les yeux tristes, à noter son bronzage et à le relier à l'écho de ses récentes vacances. Je suis coupable de cette prétention-là. Je me rêve en encyclopédiste d'une érudition telle que tout s'ordonne à mes seuls yeux. Et ces vanités, la mienne d'observateur et celle de l'inconnue, se rejoignent et me bouleversent. Je veux la rencontrer et la sauver de ce monde, être comme le héros de *Diamants sur canapé*, ce sinistre film de la légèreté, l'écrivain raté qui regarde sa voisine Holly Golightly étinceler dans le monde, et puis pleurer à la fenêtre en chantant *Moon River.* Avoir une camaraderie avec elle, devenir le seul à qui elle confie ce qu'elle a enduré pour côtoyer des milliardaires, et noyer cela dans un flot de ragots. En somme, je ne veux être qu'une vision amplifiée de moi-même, un être imbécile et frivole, en pleurs et en mieux.

Vadim et Annette se sont déjà croisés. Elle a fricoté avec Christian Marquand, et ils ont dîné ensemble. Elle parle mal le français, n'a pas tout compris à qui était ce grand échalas au visage mince, ni ce qu'il faisait dans la vie. Au début, elle a vaguement appris qu'il était dans le cinéma, et puis que son premier film, *Et Dieu… créa la femme*, allait sortir. Ou bien était déjà sorti, mais n'avait pas vraiment marché, elle n'a pas vraiment su. Et qu'il est marié, avec la fille qu'on voit dans les journaux, cette fille magnifique et blonde. Mais il en est séparé. Dans la boîte de nuit, il est assis sur la banquette et la regarde. Il s'approche d'elle, l'invite à danser. Ils se plaisent, se rapprochent l'un de l'autre. Annette, bonne joueuse, demande à Merete l'autorisation de prendre ce Français trop maigre. C'est bon. Alors ils dansent et s'embrassent. Il la ramène dans sa chambre, à l'hôtel Bellman, rue François-Ier.

Après Brigitte Bardot, Vadim s'est mis en couple avec Annette Stroyberg. Cette phrase, je la lis dans la chronologie de Vadim. Mais quelque chose me gêne dans ce déroulé. Parce que des images de Bardot, j'en ai des milliers devant moi, et d'Annette, à peine quelques-unes ? Sans doute. Parce que, après Bardot, on ne peut pas rivaliser, et que cela me paraît beaucoup plus cohérent que Deneuve ou Fonda aient suivi dans ces années-là ? Quelle idiotie, quelle goujaterie, mais surtout quelle erreur. Ce qui me trouble ici, c'est que, en étant perturbé par ce nom, Annette Stroyberg, aujourd'hui inconnue, je passe à côté du but, comprendre Vadim. J'ai dévié de mon cap, je dois m'immerger de nouveau dans ces souvenirs comme s'ils étaient au présent, face à moi. Vadim adore Annette. Et elle est une sensation. À peine entre-t-elle dans une pièce que les têtes se tournent.

À l'hiver 1956, *Et Dieu... créa la femme* n'a pas encore fait sensation aux États-Unis, il part à Venise tourner *Sait-on jamais*. L'histoire est celle d'un polar : un reporter tombe amoureux d'une jeune femme, qui vit sous la protection d'un aristocrate allemand, entouré d'hommes de main mafieux. Le scénario se concentre sur l'idylle naissante contrariée, et des convoitises autour de la fortune de l'Allemand. Dans les rôles titres, les deux copains, Christian Marquand et Robert Hossein, et surtout Françoise Arnoul, qui, à vingt-cinq ans, est une vedette, a déjà tourné avec Verneuil, dans *Des gens sans importance*, et Jean Renoir, dans *French Cancan*. La bande-son est composée par John Lewis et le Modern Jazz Quartet. Pendant plusieurs semaines, Vadim tourne dans un Venise pluvieux et glacial. Annette le rejoint. Elle n'a rien à faire sur le film, se balade dans les canaux, emmitouflée dans un manteau de fourrure. Le soir, Vadim l'emmène au Harry's Bar. Dans le petit café, il connaît la moitié des fêtards. Bellinis, whiskies, conversations vides. Il est le play-boy français, elle l'admire. Ils logent au Bauer, un hôtel installé dans un palais qui donne sur le Grand Canal. Du ponton, on voit la pointe de la Douane et la basilique de la Salute. D'un côté, l'hôtel a sa façade ancienne, de l'autre, c'est une architecture de béton des années quarante, rigide, stricte, magnifique.

Bauer, Annette, Arnoul, Harry's Bar, Modern Jazz Quartet, Vadim, Marquand, Bardot, Hossein... Encore une fois, ces noms et ces images se dressent devant moi. Il y a ceux que je déniche dans des archives. Des personnes dont je devinais à peine l'existence. Leurs noms produisent l'effet d'une association d'idées. Ce sont de simples aiguilleurs qui permettent de passer à autre chose. On retire toute la chair à telle fulgurance, à tel acteur oublié. On généralise. Mais à côté de ces feux follets, il y a les autoroutes, ces noms qui ont encore une résonance et se suffisent à eux-mêmes. Brigitte Bardot n'a besoin de rien, le Harry's Bar non plus. Quant à l'hôtel Bauer, son bar se remplit toujours. On y va pour boire un spritz, pour son éclat rétro, mais pas uniquement. Il n'a pas vieilli, il offre le même esprit douillet de l'entre-soi qu'en cet hiver 1956.

Je suis perdu. J'ai devant moi une date, quelques semaines à peine au tournant des années 1956 et 1957. Un moment précis, fugace, rempli de personnages, de brefs instants, de passions. C'est un champ énorme, profond. Je regarde *Sait-on jamais*, plusieurs fois, cela m'ennuie. *Et Dieu… créa la femme*, au moins, j'y voyais naître Bardot. J'y lisais Saint-Tropez, les corps qui se dénudent. Mais *Sait-on jamais*, 1,5 million d'entrées à sa sortie le 31 mai 1957, je n'y vois pas grand-chose. Et pourtant, ce même film a consacré Vadim comme celui qui appuya sur le bouton « démarrage » de la Nouvelle Vague. Il y filmait en couleur une histoire d'amour qui empruntait davantage aux sous-genres du polar ou du roman de gare. Il y avait le jazz, Venise sous la neige, la douceur de vivre contrariée. Tout ce qui faisait l'époque. En juillet 1957, dans les *Cahiers du Cinéma*, Jean-Luc Godard écrit: « Roger Vadim est "dans le coup". C'est entendu. Ses confrères pour la plupart tournent encore "à vide". C'est entendu aussi. Mais il ne faut pas néanmoins admirer uniquement Vadim de ce qu'il fait enfin avec naturel, ce qui devrait être depuis longtemps l'A.B.C. du cinéma français. Quoi de plus naturel, en vérité, que de respirer l'air du temps ? » Deux ans avant *À bout de souffle*, Godard note que Vadim n'est pas seulement à la mode, mais que son film est le symptôme d'une nouvelle ère, que sa mise en scène répond à la logique, que l'image et le scénario s'entremêlent, et qu'il ose « parler que de ce qu'il connaît bien, de ne mettre en scène que des personnages qu'il voit chaque jour à cinquante exemplaires, et, surtout pour ses débuts, de se raconter lui-même ». En somme, être un cinéaste-auteur, comme d'autres sont écrivains. Surtout, il fait ce diagnostic souverain: « Ainsi, inutile de féliciter Vadim d'être en avance, car il se trouve seulement que si tous les autres sont en retard, lui, en revanche, est à l'heure juste. »

Vadim est trop jouisseur, trop oisif pour être à l'avant-garde. Et beaucoup trop intelligent pour être à la bourre. Il est donc là, à l'heure juste, ponctuel. Il lit la presse, regarde la télévision, capte les conversations dans les bars. Son monde a beau être petit, quelques dizaines, centaines peut-être, de personnes pour qui la vie est relativement facile. Mais, dans cette France du milieu des années cinquante, il est là où il faut être. Météorologue malin, il saisit le climat. Mieux, il sait y trouver sa place. Le succès d'*Et Dieu... créa la femme* lui ouvre les portes. L'argent entre. Pas en quantités énormes, ses contrats négociés à son désavantage par la Columbia ne lui rapportant pas le jackpot, mais de quoi vivre très bien. De rejouer à la vie de couple en s'installant, une fois revenu de Venise, dans un petit appartement de l'avenue Montaigne avec Annette. De céder à ses caprices, quand elle dépense à tout-va pour des objets de déco hasardeuse. De s'amuser surtout, et, comme Sagan, de claquer les avances des producteurs dans les boîtes de nuit. Il est le roi des lieux, celui que tous regardent quand il laisse son manteau au vestiaire. Le séducteur fait rêver les garçons, ils veulent être comme lui. Les filles trouvent qu'Annette est la plus belle et qu'ils vont bien ensemble. Mais cela ne les empêche pas de frotter Vadim sur la piste de danse quand la Danoise est au lit.

Dans les journaux, on parle partout de Vadim. Dans les pages culture et cinéma souvent, metteurs en scène ou jeunes critiques bataillant à son sujet. Mais aussi dans les rubriques mondaines. Lui et ses copains ont offert un bain de champagne à leurs amis, explosant un magnum contre le mur de l'Esquinade. Ils ont offert un verre à chacune des filles de telle autre boîte. Ils ont décidé, d'un coup, de danser à cloche-pied toute la nuit. Ont chanté, à 4 heures du matin, debout sur les sièges de la voiture de Sagan qui dévalait le boulevard Saint-Germain. Vadim a été vu sautant d'une table à l'autre dans un bar de Saint-Tropez. Marquand s'est allongé sur un immense plat de métal, s'est couvert de persil et d'oignons, et s'est fait ainsi servir aux invités d'une fête comme un espadon en croûte. À Paris ou à Saint-Tropez, on fait des batailles de choux à la crème, on agite les bouteilles de Coca-Cola et on les sert à ses amis, pour qu'ils s'éclaboussent. Et pourquoi pas des courses de bagnole, le long de la mer ? À toute allure, le pied sur l'accélérateur, le visage hilare, qui regarde l'autre dans le rétro ? Bientôt, il s'achètera une merveille, la Ferrari 250 Spyder California. 5,5 millions de lires italiennes. Phares comme des hublots, fauteuils en cuir noir, capot gris métallisé. Il a rencontré Il Commendatore Enzo Ferrari. Le génie industriel a apprécié ce jeune homme qui conduit vite, comme un enfant avec ses petites voitures. Il lui prête des modèles et lui fait des prix. Mais l'argent n'a déjà pas beaucoup d'importance. C'est comme il y a quelques années rue Saint-Benoît. Le fric doit être claqué.

Des fêtards, il y en a toujours eu. Mais *France-Soir* tire alors à 1,5 million d'exemplaires. Ils sont donc nombreux à lire le récit de ces frasques. Page précédente, on parle de la guerre en Algérie. Alors les nuits délurées de ces jeunes abrutis, ça distrait, énerve ou amuse. Dans tous les cas, ça fait parler. Vadim choque parce qu'il ne souffre pas. Le monde entier manque de retomber dans une nouvelle guerre mondiale, partout on prédit des horreurs. Alger, Budapest, Suez. Mais lui et sa bande rigolent. Ils ne nient pas la situation, et Vadim s'exprime publiquement sur l'indécence des « événements algériens », sur cette guerre coloniale honteuse. Pourtant, ils sont les petits soldats d'un nouveau monde qui se dessine. Un monde où rien n'est très grave, où on a le droit de changer d'avis, d'aimer quelqu'un pour la vie, puis de se séparer. Le 15 avril 1957, au palais de justice, les photographes n'en reviennent pas quand ils voient arriver Vadim et Bardot dans la même voiture. Ils rient, complices. Le lendemain, *Le Monde* écrit : « Le "divorce d'accord" n'étant pas admis en droit français, les époux, qui ont décidé de rompre leurs liens conjugaux, affectent souvent une animosité réciproque lorsqu'ils se présentent devant le juge dit conciliateur, qui pratiquement, ne réconcilie jamais. Brigitte Bardot et Roger Vadim ne se souciaient guère de sacrifier à cette coutume. » Les journalistes les encerclent, les assaillent de questions. Pourquoi ces sourires ? Vont-ils se remettre ensemble ? Alors, pourquoi divorcer ? Vadim et Brigitte sont juste passés à autre chose. Le divorce sera prononcé officiellement quelques mois plus tard, le 6 décembre 1957. Ils se sont follement aimés, ils ne s'aiment plus et sont séparés depuis longtemps. Ils divorcent, c'est tout simple. Elle l'appelle « Vava », comme elle l'a toujours fait. Il n'y a pas de raison que la tendresse s'arrête.

D'ailleurs, ils tournent de nouveau ensemble. *Les Bijoutiers du clair de lune* est une adaptation d'un roman d'Albert Vidalie. À la production, Raoul Lévy. *Et Dieu... créa la femme* a cartonné en Espagne, et des millions de pesetas engrangées sont bloqués. Le droit impose de les dépenser dans le pays. Il faut donc adapter l'intrigue auvergnate en drame latin. C'est l'été et la chaleur est suffocante à Torremolinos. Brigitte déteste le tournage. Elle pense à Trintignant, rêve d'aller le rejoindre. Vadim l'écoute et l'aide. Il s'occupe de tout le monde, et surtout d'Annette. Elle lui annonce qu'elle est enceinte. Il est fou de bonheur, lui le fêtard invétéré, le séducteur. La Danoise est usée par la chaleur, et rentre à Paris.

Mais, plusieurs fois, sur le tournage, elle a servi de doublure à Brigitte. Quelques secondes à peine, de dos, ou au volant de la décapotable rouge, et les cheveux en choucroute. Qui pourrait deviner que ce n'est pas Bardot ? C'est du cinéma, de la technique. Mais c'est aussi Vadim, qui filme sa femme dans la peau de son ex-femme. Il a réussi avec Brigitte, ça pourrait marcher avec Annette ? Elles se ressemblent. Blondes, le visage parfaitement dessiné, les grands yeux dont la timidité ne demande qu'à devenir carnassière. Il suggérait doucement à Brigitte de s'habiller ou de se maquiller ainsi. Le voilà qui fait de même avec Annette. À lui conseiller de quitter ses habits apprêtés, beaucoup plus couture que ne l'étaient ceux de Brigitte adolescente. À lui suggérer de coiffer ses cheveux ainsi. Doucement, petit à petit, Annette devient quelqu'un d'autre. Pas totalement Brigitte, mais un peu quand même. Il y a comme un air. Tout le monde le voit. Il y a ceux, pas très polis, qui le lui disent. Et les autres qui n'en pensent pas moins.

Elle est souvent à ses côtés. Les photographes la mitraillent. Elle est belle, et elle est avec

Vadim. C'est évident, elle sera une vedette. Dans la France de la fin des années cinquante, les célébrités ne sont pas nombreuses. Les vedettes de l'avant-guerre sont oubliées, et les nouvelles recrues tardent à briller. Alors on est généreux avec les premières venues. Surtout quand le mari de l'une d'elles vous passe un coup de fil, qu'il vous assure que, oui, elle est formidable. Recommence le double mouvement, celui de la vie de tous les jours et celui qui s'imprime dans les journaux, qui fait l'époque. Annette et Vadim font des batailles de petits-suisses dans les escaliers, ils sortent en boîte de nuit, on les voit dans les journaux. Il s'occupe d'elle, qui commence à fatiguer. Elle accouche le 7 décembre 1957, d'une petite fille, Nathalie. Vadim devient papa, se réveille la nuit pour bercer son enfant, change les couches, pouponne. Cette douceur-là, il en ignorait tout, mais il s'y jette, comme dans les autres.

C'était Vadim et Brigitte, ce sera Vadim et Annette. Le 17 juin 1958, il enfile un costume de chantoung clair. Elle, une robe de Vichy à carreaux blancs et bleus. Il ne devait y avoir personne à la mairie de La Londe-les-Maures, entre Hyères et Bormes-les-Mimosas. Les amis proches, venus de Saint-Tropez et de Paris. La famille, Christian et Serge Marquand, Paul-Louis Weiller, Françoise Sagan avec son mari

Guy Schoeller, les mannequins Caroline, nièce de la duchesse de Westminster, et Annette, du studio Guy Laroche. Les hommes sont en costume léger, les femmes en pantalon. Aux pieds, des espadrilles. Sagan est pieds nus. Ils avaient demandé au maire de ne pas publier les bans, pour ne pas rameuter toute la presse. Mais, à Paris, le bruit a couru. Vadim se remarie ! À peine les futurs époux arrivent-ils qu'ils sont une vingtaine de photoreporters à faire le pied de grue devant la mairie. D'autres débarquent. Et des badauds. Autour du minuscule hôtel de ville, ça se presse. La cérémonie dure quelques minutes, on lance du riz, on sourit à tout le monde. « On se croirait au Festival de Cannes », dit le comte François de Leusse, maire de la ville de 3 000 habitants. L'ambiance est bon enfant, détendue. Pour un peu, tout le monde serait de la noce. Ce n'est pas un mariage de milliardaires. Non, c'est une fête de jeunes gens chanceux, à qui on pardonne d'avoir été gâtés tellement ils sont souriants. Ça dure quelques minutes, ce beau mélange. Mais, très vite, ils s'en vont entre eux. On n'est pas au 14 Juillet non plus. Les filles en pantalon et les hommes en Ferrari partent pour la Reine-Jeanne, au hameau de Cabasson, la villa que Paul-Louis Weiller a fait construire par l'architecte Barry Dierks, et où il reçoit tout le monde. Princes, millionnaires, aventuriers, vedettes hollywoodiennes. Des grandes tablées où on rit et picole. Les magnums de champagne tombent les uns après les autres. On monte sur les tables, quelqu'un décide de faire du ski nautique. C'est parti pour une course. Paul-Louis Weiller est le meilleur de tous. Il n'a pas besoin de skis, chevauche la mer pieds nus. Les invités sont riches et drôles. Vadim est ivre, il colle de trop près une convive. Annette est triste. C'est une nouvelle haute société qui se crée sur cette terrasse ou sur d'autres. Une clique magnifique en espadrilles, mais qui vit refermée sur elle-même, comme toutes les coteries friquées d'hier.

Il a décidé, il fera d'Annette une actrice. La Columbia prépare l'adaptation à l'écran des *Canons de Navarone*, roman de l'Écossais Alistair MacLean. Un film de guerre, un film d'hommes. Avec un seul petit rôle féminin. Vadim encourage son épouse. Ils partent à Londres, aux studios de Shepperton, pour lui faire tourner un bout d'essai. Et là, tout recommence comme il y a bientôt dix ans, avec Brigitte dans le studio. Il faut la rassurer, lui dire qu'elle est belle, l'amadouer. Elle est en treillis et chemise blanche, face à la caméra. En anglais, elle doit jouer une scène devant un autre acteur. Elle s'en sort, guidée par Vadim. Elle n'a pas encore fait de film qu'il faut déjà la vendre, elle,

Annette, la nouvelle fille révélée par le réalisateur d'*Et Dieu... créa la femme*. Le lendemain, conférence de presse à l'hôtel Savoy. Elle est en robe blanche, assise sur un fauteuil, les photographes et journalistes en face. Vadim est au fond de la salle, adossé contre la cheminée, fume des cigarettes en regardant le manège. Il a déjà briefé Annette. Elle a le trac. « Avez-vous rencontré Brigitte Bardot ? » lui lance un reporter. « Vous êtes-vous bien entendues ? », « Vous le savez, que vous lui ressemblez, n'est-ce pas ? » « Aimeriez-vous tourner avec votre mari ? » « Et avec Brigitte ? » Elle s'en sort. Lui est fier. D'elle ? Sans doute. De lui-même, plus certainement, de pouvoir rameuter tout ce monde, d'exhiber ainsi sa femme, plus belle que les autres, d'être celui qui met au monde ces filles blondes et innocentes que la planète envie à Paris. Elle n'est pas prise pour le film. Tant pis, il a d'autres plans, pour elle et pour lui.

Le producteur italien Carlo Ponti, mari de Sophia Loren, lui a proposé un projet. Il cherche à faire un « coup », un film classique avec le cinéaste dont tout le monde lui parle. Il a rencontré Annette, a surtout lu la presse française, les photos des jeunes mariés, l'écho que la jeune Danoise trouve dans les rubriques des potins. Ponti propose *Les Liaisons dangereuses*. Vadim n'a jamais lu le livre de Choderlos de Laclos, consulte les archives de la BNF, rue Richelieu, à Paris. Il lit, dans les dialogues et manigances de Merteuil et Valmont, beaucoup plus qu'un document des mœurs du XVIIIe siècle : une description des rapports homme-femme, de la violence que l'amour peut faire surgir. Un film en costumes, avec les mots exacts de Choderlos de Laclos, serait pesant. On lui reproche assez de passer sa vie sur la Côte d'Azur, avec des créatures désinvoltes. Il va adapter *Les Liaisons dangereuses* chez ces gens-là, reprendre leur phrasé, leur vie quotidienne. Vadim est malin, il sait qu'il doit s'entourer d'écrivains, d'hommes capables de maîtriser les mots pour atteindre le juste équilibre entre Laclos et la fin des années cinquante, faire se côtoyer les deux mondes. Il retrouve Claude Brûlé, ce journaliste croisé à *Paris-Match*, passé par plusieurs journaux, dont *Elle*. Ensemble, ils travaillent à l'adaptation, et entament une longue amitié professionnelle qui durera jusqu'à *Barbarella*. Pour les dialogues, il contacte Roger Vailland, écrivain, prix Interallié 1945 pour *Drôle de jeu*, communiste qui roule en Jaguar, ancien résistant, ex-critique de cinéma, personnalité complexe, flamboyante et mélancolique, auteur d'un essai sur Choderlos de Laclos paru dans les années cinquante. L'écrivain travaille sur les dialogues. Quand Carlo Ponti abandonne l'aventure, c'est Edmond Tenoudji, président des films Marceau-Cocinor, qui prend seul les manettes.

L'être ponctuel est fier de lui. Par sa seule présence dans les temps, il se dédouane de tout tracas. Une idée, n'importe laquelle, est bonne, puisqu'elle est « à l'heure ». Une intuition ? Autant la suivre. Pour *Les Liaisons dangereuses*, Vadim fait ce qu'il veut. D'abord, avec Brûlé et Vailland, ils transposent l'action dans la France de la fin des années cinquante. Les riches vont déjà au ski, les classes moyennes commencent à rêver de vacances enneigées, Vadim filmera donc en partie à Megève, à l'Hôtel du Mont-Blanc. Pour le rôle de Valmont, il embauche Gérard Philipe, qui ne lui avoue pas la maladie dont il souffre déjà – et qui l'emportera à peine le film sorti, fin 1959. Pour Merteuil, Jeanne Moreau. Jeanne Valérie est Cécile de Volanges, l'amoureuse de Danceny, qu'interprète Jean-Louis Trintignant, que Vadim retrouve, sans rancune apparente. Et pour la présidente de Tourvel, il choisit Annette.

L'esprit de la clique de la villa de la Reine-Jeanne s'est déplacé à Megève, aux studios de Boulogne-Billancourt, ou bien dans le salon de la villa des Suédois de la rue du Docteur-Blanche qu'il habitait pendant la guerre et qu'il retrouve le temps d'une scène. Sur une musique de Thelonious Monk, devant des peintures de Bernard Buffet, Vadim filme des gens riches et indécents, qui se jouent des sentiments des autres. Et quelques rares exemples de vertu au milieu, qui ne peuvent que souffrir. Il y a des figurants mémorables : Mimi d'Arcangues, mannequin Chanel, ou Boris Vian. Des fêtards qui voient le cinéma comme une extension de la vie mondaine, au même titre qu'un après-midi aux courses de chevaux. À Boulogne-Billancourt passe un jeune homme mal habillé, avec quelques notes griffonnées. Vadim le reçoit, il n'a pas reconnu le jeune journaliste des *Cahiers du cinéma* qui avait écrit la critique de *Sait-on jamais...* ? Jean-Luc Godard va tourner son premier film, *À bout de souffle*, et demande à rencontrer Annette, pour lui confier le premier rôle, celui de la jeune vendeuse du *Herald Tribune*. Cela ne se fait pas. Vadim dira qu'Annette ne voulait pas rencontrer cet être étrange. Elle affirmera que Vadim ne lui a jamais transmis l'information. C'est Jean Seberg qui aura le rôle, et c'est mieux ainsi.

Il devine que *Les Liaisons dangereuses* va choquer. Il fait tout pour. Demande à une actrice d'improviser un strip-tease dans une scène de débauche, fait dire à Moreau et Philipe des dialogues qui devraient faire trembler la bonne morale catholique française. Surtout, il déshabille Annette. Enfin, « déshabille ». Il la met nue quelques secondes à l'écran, et fait en sorte qu'on ne voie pas grand-chose. Mais elle est nue, et il sait que tout le monde en parlera, comme des jambes de Bardot il y a peu. Il devine déjà ces piles d'articles de journaux qui sont sous mes yeux, et qui évoquent le scandale des *Liaisons*… À côté de ces coupures de presse, il y a le film. Rien, vu d'aujourd'hui, ne peut lier les deux. Et pourtant, ce sont bien ces scènes de chassés-croisés amoureux sur les pistes de Savoie, ces réceptions mondaines venimeuses, mais sans excès, qui ont scandalisé un pays entier, qui ont fait de Vadim le pécheur absolu, à partir de sa sortie le 9 septembre 1959.

Les *Liaisons* vont choquer, c'était entendu. Mais, à ce point-là, le devinait-il ? À la Commission de censure, on s'offusque des plans où Annette paraît dénudée. On s'affole dans les ministères. La Ve République qui vient de naître peut-elle laisser traîner ce film à la vue de sa jeunesse ? Fin août 1959, il écope d'une interdiction aux moins de seize ans et d'une interdiction à l'exportation. Mais cela ne suffit pas. Le film risque encore l'interdiction tout court.

Vadim appelle Malraux, ministre des Affaires culturelles, qui apprécie le film, mais dit ne rien pouvoir faire. La balle est dans le camp de Roger Frey, ministre de l'Information. Mais l'affaire est trop grave, apparemment. Un ministre ne peut pas décider seul d'une chose pareille. La date de sortie du 9 septembre s'approche, et le film n'a toujours pas d'autorisation. Les centaines d'invitations pour la première, au Colisée, sur les Champs-Élysées, ont été envoyées. Tout Paris sera là. Les huiles, les starlettes, les mondains, les amis. Si le film est interdit, que faire ? Ce sera l'émeute. *Les Liaisons dangereuses* sont interdites, en attendant que le gouvernement se réunisse et statue. Il le fera le jour de la première, sans que l'on puisse prévoir son jugement, ni même l'heure à laquelle la décision sera prise.

L'Élysée-Matignon est vide en ce milieu de journée. Dans la boîte de nuit, les maîtres d'hôtel font le bilan des consommations de la veille. Vadim arrive, accompagné de Gérard Philipe. Ils s'installent à une de ces tables qu'ils connaissent bien. Anxieux, mais au fond amusés de la situation. Maurice Papon arrive. Le préfet de police, l'homme des rafles à Bordeaux, l'homme des « détachements opérationnels de protection » en Algérie, se retrouve à devoir gérer une première de cinéma. L'ambiance est chaleureuse.

Le fonctionnaire dit vouloir éviter tout trouble à l'ordre public, Vadim veut simplement que son film sorte, sans trop d'encombre. Ensemble, ils évoquent la soirée. La reporter ? Un communiqué a été diffusé à la radio, mais cela ne suffit pas. Appeler chacun des invités pour l'informer de l'annulation ? Ce n'est pas possible. Envoyer des policiers partout ? Non plus. Vadim suggère que les agents soient en civil. Papon approuve et fait envoyer des escouades sur les Champs-Élysées. À l'heure dite, les portes du Colisée sont closes. Ça se presse sur les trottoirs. Les smokings et les robes manquent de se faire éclabousser. Tout ça pour rien. La première n'a pas eu lieu. Il y a quelques fâchés, mais beaucoup trouveraient ça presque formidable. Une première sans film, il n'y a que Vadim pour oser une chose pareille, arriver à ulcérer l'État pour une histoire d'amour et de fesses. Et ce alors que, depuis des années, tout le monde joue au chat et à la souris avec la censure, sait où couper et comment suggérer... Les invités rentrent avec une superbe anecdote.

En revanche, certains, dans la soirée, voient le film. À l'Élysée, plusieurs ministres et secrétaires d'État (Roger Frey, Maurice Herzog, Maurice Couve de Murville, Jacques Soustelle, Louis Jacquinot...), ainsi que le général de Gaulle et son épouse Yvonne, ont droit à une projection. Après le générique, ils votent, sauf le président. Le film est autorisé. La décision est rendue publique vers minuit. Le lendemain, les journaux ne parlent que du film que les chroniqueurs n'ont pas vu. Vadim a gagné une nouvelle fois, tout le monde se rue dans les salles, appâté par le scandale.

Mais il y a aussi l'affaire juridique, qui agite le petit milieu lettré. Dans plusieurs interviews au début de l'année 1959, Vadim avait annoncé qu'il s'attelait à une adaptation des *Liaisons dangereuses*. À peine l'information paraît-elle que la Société des Gens de lettres, organisme chargé de défendre les intérêts des auteurs, et qui estime avoir un droit moral sur la littérature française, s'insurge. Roger Vadim ne peut pas s'attaquer ainsi à l'œuvre de Choderlos de Laclos, la dénaturer et certainement pas la transposer à l'époque actuelle. Au *Monde*, il déclare : « Je n'ai pas l'intention de trahir l'auteur. Au contraire, je resterai fidèle à l'esprit du livre, au-delà même de Laclos. Je voudrais ajouter ceci : au moment de leur publication, *Les Liaisons dangereuses* avaient été accueillies par des huées. La critique et les écrivains de l'époque avaient crié au scandale et à la pornographie. Aujourd'hui, ceux qui jadis auraient sûrement attaqué Laclos me reprochent de me servir d'un classique de la littérature française pour en faire de la pornographie. » Quelques jours après la sortie du film, le 10 septembre 1959, Francis Didelot, nouveau président de l'organisme, affirme au *Monde* : « Que diriez-vous d'une Salammbô participant à la guerre d'Algérie ou d'une Mme Bovary roulant en 2 CV ? » Et annonce son intention de porter l'affaire devant la justice, usant de la loi du 11 mars 1957, et plus notamment sur l'article 5, qui assure la protection du titre d'une œuvre lorsqu'il est utilisé dans des conditions susceptibles de créer une confusion.

Le 25 septembre, le magistrat Drouillat rebaptise par ordonnance le film, déjà sorti depuis deux semaines, en *Les Liaisons dangereuses 1960*. Il ajoute que la Société des Gens de lettres est habilitée à représenter l'œuvre de Laclos, mort il y a presque deux siècles. S'ensuit alors un débat, dans les tribunaux, sur cette capacité morale de l'organisme à défendre *Les Liaisons dangereuses*. Un avocat général qualifie le film de « spectacle sexy, exciting, c'est-à-dire tout simplement, en bon français, un spectacle érotique ». Un bâtonnier le traite de « *Liaisons* à l'époque du strip-tease ». Vadim répète partout que les ventes du livre original ont explosé depuis la sortie du film. Avec les films Marceau-Cocinor, il fait appel à plusieurs avocats, dont François Mitterrand. L'ancien ministre défend l'œuvre, ou plutôt la liberté totale dont doit jouir un artiste contemporain. En octobre 1961, il plaide, fait rare dans sa carrière : « Je voudrais essayer de comprendre pourquoi nos adversaires, pourtant qualifiés, ont pu commettre une erreur si énorme, quant à l'interprétation de l'œuvre de Laclos et persister à ne pas distinguer l'apologie de l'érotisme qu'elle contient. Ou bien serait-ce nous qui aurions l'esprit mal tourné ? » La Société des Gens de lettres arguant que la faute morale de Vadim fut d'avoir fait tourner Annette, Mitterrand répondra : « Parmi nos lois, il n'y en a pas qui interdise à un peintre de choisir sa femme pour modèle ! Faudrait-il rappeler Rembrandt, Renoir, Matisse ou Gauguin ? Et, bien avant Vadim, Rubens a peint, nues et successivement, ses deux femmes légitimes. » « Comment peut-on dire "Vadim et ses femmes" ? Comment peut-on dire, monsieur le bâtonnier, "Vadim célèbre par ses films et par ses mariages" ? Comment peut-on dire cela (...) sans commettre une grave injustice ? » L'affaire donnera chaque fois raison au clan Vadim, et la question ira jusqu'en cassation, en 1966, avec un avis favorable à l'équipe du film.

4,3 millions de spectateurs en quelques mois. Le plus grand succès français de sa filmographie. Et, surtout, une réputation achevée. Vadim est l'homme qui déshabille ses femmes. Vadim fait du Vadim, met les stars à nu, en rigole. Il filme ses amis, préfère prendre comme décors les night-clubs aux usines. Vadim est devenu le mal, le mâle, de son époque. Les dames patronnesses et les réacs ont beau désapprouver, ils savent, au fond, que ce n'est pas bien méchant, que se prépare quelque chose de pire, qui va tous leur rabattre le clapet : une révolution, des mœurs ou d'autre chose. Et là, ils n'auront pas leur mot à dire. Alors, ils en profitent avec Vadim. Lui n'en souffre pas. Grâce à ses scandales, il a tous les moyens possibles. Financiers, bien sûr. La Paramount qui lui ouvre les portes de Hollywood, avec un contrat pour trois films.

Mais il y a autre chose. À lui la magnifique vantardise de celui qui peut tout faire. Récemment, il devait encore quémander les avis, se battre pour s'imposer gentiment et doucement à la face d'une France, d'une Europe même, qui s'offusquait pour un rien. C'est fini. Ne suivez pas Vadim, disent aujourd'hui les parents à leurs enfants. Ces derniers ne rêvent que d'être comme lui, d'avoir sa liberté, et ses femmes aussi. Il reçoit des lettres ulcérées, des mères de famille furieuses que leurs fils aient pu voir *Les Liaisons dangereuses*. Annette se fait insulter, et Bardot aussi, pendant qu'on y est. Il reçoit d'autres courriers, encore plus étranges : des photos de jeunes filles à peine habillées, à peine majeures. Ce sont leurs propres mères qui les envoient. « Monsieur, auriez-vous un rôle pour ma fille ? » « Mon aînée aimerait beaucoup faire du cinéma. »

Apparition

Elle n'a pas le droit de voir le film. Elle a quinze ans et demi. Pourtant, on la devine dans quelques scènes. Gillian Hills vit à Nice, avec sa mère. Et elle a un goût amer quand elle passe devant les affiches des *Liaisons dangereuses*. Ce film, ça aurait dû être son premier coup d'éclat. Il y avait eu un appel à la radio, une photo d'elle prise sur la plage envoyée par la Poste, et puis des castings. Elle avait rencontré le réalisateur. Il l'avait choisie : elle serait Cécile de Volanges, la jeune fille folle amoureuse de Danceny que Merteuil et Valmont manipulent. « Vadim a trouvé sa nouvelle égérie », lit-on dans la presse. Alors, c'était allé très vite dans la tête de l'adolescente. La gloire, là, tout de suite ! Comme Brigitte Bardot ! Le succès, les premières, les producteurs et les robes, les jeunes premiers à ses pieds. Pour tromper l'ennui, pour penser à autre chose, parce qu'en 1959, la vie n'est pas très marrante pour les adolescents. Elle, la fille de Dunia Lesmian, actrice polonaise et de Denis Hills, aventurier et soldat britannique qui, en parcourant le monde, les a abandonnées, elle et sa mère.

Mais elle avait menti sur son âge, prétendu qu'elle était plus vieille. Et le pot aux roses a été découvert. Vadim a dû embaucher quelqu'un d'autre, Jeanne Valérie. Le contrat a été rompu, et elle est retournée au lycée. Ça ne durera pas longtemps. Bientôt, Gillian Hills profitera de son accent anglais et enregistrera quelques disques, chez Eddie Barclay : *Ma première cigarette*, ou *Zou bisou bisou*. Un morceau oublié avec Gainsbourg, des apparitions dans *Salut les copains*. Plus tard, on la verra passer dans *Orange mécanique* ou *Blow-Up*. Quand elle rencontre Vadim, elle est une adolescente de la fin des fifties. Elle deviendra une des jeunes filles des sixties, un membre de cette tribu de demoiselles qui veulent être quelqu'un d'autre, par la grâce d'une minijupe et d'un eye-liner noir. Entre les mondaines des salons, les Annette Stroyberg dansant chez les Mille ou les Lazareff et Gillian Hills, s'émoussant sur les plateaux de télé et studios d'enregistrement yé-yé, il n'y a que quelques années, quelques mois peut-être.

Parfois, ces deux groupes se sont croisés. Et pourtant, entre elles, un fossé. Les robes, chansons, postures et maquillages ne sont pas les mêmes. D'un côté, une séduction de salon, une minauderie pour plaire à un petit monde, une manière de s'habiller pour être comme une dame. De l'autre, tout faire pour plaire à la télévision. D'un côté, un monde encore un peu poussiéreux. De l'autre, du vinyle, du plastique, du Plexiglas. L'avant et l'après. Ce n'est qu'une question d'heure.

Mœurs subites

Elle boude, mais ce n'est pas pour minauder. On n'est pas au cinéma. Elle passe devant les photographes, les toise. On est dans un tribunal, ce n'est pas l'endroit pour ça. Elle s'en serait bien passée, de ce fourbi. Elle est là pour Vadim. Et pour elle-même, pour dire qu'elle n'est pas la star capricieuse dont parlent les journaux, cette idiote qui soi-disant irait acheter de l'or à l'épicerie, son filet de provisions à la main, comme l'écrit la presse. Mais les photographes, elle s'en serait bien passée. La 17e chambre correctionnelle, au palais de justice, a l'habitude de voir défiler vedettes et journalistes. Mais aujourd'hui, c'est autre chose. C'est BB qui est là, à traverser la salle des pas perdus. Le chignon blond est ceint d'un foulard noir, les mains sont gantées. Les greffiers, avocats, plaignants et accusés des autres affaires du jour, et même le président du tribunal de Schacken, tout le monde est impressionné. Parce qu'elle est là, la star de vingt-sept ans. C'est le « procès de la Nouvelle Vague », la « petite affaire Dreyfus du cinéma », ont annoncé les journaux. On est le 29 janvier 1962, et les faits remontent à deux ans.

En 1959, Brigitte Bardot accepte de tourner dans un film au scénario tiré d'un livre de Bertrand Poirot-Delpech, *Le Grand Dadais*, et de travailler avec un réalisateur inconnu, Jean Aurel. Diplômé de l'Idhec, le jeune homme, né en Roumanie, est un proche de Truffaut, avec qui il a collaboré à la revue *Arts*. Un critique, comme il faut être pour aller dans la bande de la Nouvelle Vague. L'emploi du temps de BB est très chargé, et il faut attendre que le tournage de *La Vérité* de Clouzot se finisse. Cinq ou six scénaristes et dialoguistes défilent, tentent de faire quelque chose. Aurel esquisse l'histoire d'une jeune femme de son époque, une cover-girl, qui tente de se venger d'un amour déçu dans un Paris qui respire l'easy-living prôné par la Nouvelle Vague.

Rien n'est abouti, mais c'est signé, financé, et le film doit se faire. Le 1er décembre 1960, le tournage démarre. Le scénario n'est pas là, seulement une cinquantaine de pages, Bardot ne comprend pas. Les producteurs Vladimir Roitfeld et Francis Cosne non plus. Ça risque d'être une catastrophe, et Bardot a coûté cher. Il faut sauver l'affaire. Ils demandent à Vadim de donner un coup de main, superviser la mise en scène du film. C'est Bardot qui en a eu l'idée, rassurée à l'idée que son ex-mari vienne colmater le naufrage. Poussé par BB, il accepte. Le 12 décembre, voyant que son film ne sera jamais le sien, Aurel quitte le plateau. Et Vadim bricole *La Bride sur le cou*, une amourette entre Bardot et Michel Subor dans le Paris branché, entre le Café de Flore et les pistes enneigées de Villard-de-Lans. Dans les rangs de la Nouvelle Vague, on s'offusque. Un jeune cinéaste viré ? Pour être remplacé par un proche de la star, pistonné par les producteurs ? Et elle, pour qui se prend-elle ? Truffaut, chef de file du nouveau cinéma français, se scandalise. Il publie une tribune dans *France-Observateur.* « L'Affaire Vadim » paraît dans l'hebdomadaire du 22 décembre 1960. « Lorsqu'il s'agit de Brigitte Bardot et de Roger Vadim, on sait qu'il y a, ou qu'il y aura, du sensationnel dans l'air. Ce qui est triste ici, c'est que le sensationnel fait une victime, Jean Aurel, qui attendait sagement depuis deux ans de pouvoir dire : "Moteur !" (...) Si, dans la profession, la vérité, à savoir : "Vadim fait une crasse à Aurel", s'est répandue comme une traînée de poudre, pour le grand public, le nom de Jean Aurel est celui de l'un de ces incapables de la Nouvelle Vague et le nom de Vadim celui du sauveur. » Il ajoute que Michel Boisrond et Claude Sautet ont refusé de remplacer Aurel, et conclut : « Toujours est-il que, pour moi, désormais, Roger Vadim fait partie de ces gens de cinéma capables de tout et dont il faut, par conséquent, se méfier. » Un mois plus tard, vingt-sept cinéastes rédigent une protestation commune contre Vadim, réclamant le droit pour un cinéaste d'« improviser comme il l'entend sur un plateau de cinéma » : son ami Cocteau, Claude Chabrol, Jean Delannoy, Julien Duvivier, Franju, Jean-Luc Godard, Jean-Pierre Melville, Alain Resnais, Jacques Tati... Fin février, le tournage du film s'achève, et Vadim porte plainte pour diffamation contre Truffaut.

Alors, un an plus tard, ils sont tous là, dans ce tribunal. À l'entrée, Truffaut, manteau de laine grise et écharpe de Gavroche, répond à quelques journalistes, se défend. Il n'a pas vu que Vadim, en complet de laine et cravate multicolore, arrive derrière lui. Ils ne sont pas parlé, mais il n'y a pas de haine. Juste deux visions des choses : Vadim est nonchalant, il a presque l'air amusé. Il est venu se défendre. Mais cela n'a pas une si grande importance. L'autre est passionné, ne plaide pas seulement pour son article de

France-Observateur, ni contre Vadim, il veut montrer que le cinéma a changé, que les nouveaux venus ne se feront pas avoir, que le système des producteurs qui voient les réalisateurs comme des pions n'a plus lieu d'être.

L'audience démarre et le président du tribunal peine à comprendre de quoi tout cela retourne. S'égrènent les broutilles sur la fabrication d'un film, les étapes d'un scénario. Il demande : comment peut-on lancer un tournage sans en avoir écrit chaque détail ? Un témoin : « Ce sont les mœurs du cinéma. » Déjà que, dans le dossier, toutes ces questions de première version du script, d'amendements, étaient complexes. Voilà qu'il se retrouve face à des gens qui lui expliquent que non seulement, c'est tout naturel, mais aussi que c'est ça, la manière de faire aujourd'hui. Des jeunes gens qui arrivent en bande pour défendre un copain. Des cinéastes, des critiques, habillés comme des étudiants.

Côté Vadim, il y a Brigitte Bardot, son agent Olga Horstig, les producteurs Vladimir Roitfeld et Francis Cosne, Michel Subor... Côté Truffaut, Alain Resnais, Jean-Luc Godard, Claude Chabrol, Michel Boisrond, Pierre Kast et quelques autres. Cocteau n'a pas pu venir, il est souffrant. La plupart de l'assistance, journalistes mis à part, a un lien avec le cinéma.

Chacun y va de son rôle, de sa saynète. Godard s'exalte, s'énerve, insulte tout le monde. Il joue à être Godard et se fait virer de la salle pour « injure à témoin ». Truffaut joue à Robespierre et, implacable, lance : « Coup monté. » Dans son coin, Chabrol enchaîne les blagues cruelles et ses voisins ricanent. Resnais vient témoigner. Plus calme, plus élégant aussi, il dit qu'il « ne s'agit pas de savoir si Vadim est méchant et Aurel gentil ; les vrais responsables sont les producteurs ».

Et puis Bardot passe à la barre. Elle enlève ses gants et prête serment. Elle tient tête aux questions, passe d'un sourire à une mine abrupte. Elle s'explique : elle ne voulait pas mettre toute une équipe au chômage, elle connaît ses droits, sait que son contrat précisait qu'elle devait avoir le scénario complet. Ajoute : « Au bout de trois jours, j'ai écrit que je me retirais. M. Aurel faisait des brouillons. Il faisait recommencer le lendemain ce qu'il avait fait la veille. » Truffaut interrompt : « Dans *La Vérité*, Clouzot a fait recommencer plus d'une scène ! » Réponse lapidaire : « Ce que recommençait M. Clouzot était bon, alors que ce que recommençait M. Aurel était mauvais. Je ne peux pas rapporter la comparaison. » Vadim se défend, lui aussi. À quoi pense-t-il ? Au fond, l'affaire n'est pas si grave. Et puis il est dans son monde, il n'a pas de mal à monter les budgets de ses films, il est encore Vadim. Truffaut est aussi dans le sien : *Jules et Jim*, sorti quelques jours plus tôt, est en train de l'installer comme un auteur. Tout n'est pas idéal, mais il est déjà Truffaut. Le verdict penchera en faveur de l'attaquant, et son adversaire sera condamné à lui payer 1 franc symbolique, ainsi que 1 000 francs d'amende, et cinq insertions du jugement à ses frais.

Ce n'est pas l'affaire Dreyfus, mais le procès marque. Il signe, pour Vadim, la rupture définitive de son cousinage avec la Nouvelle Vague. Il leur avait montré le chemin, même si le sien était un peu trop doré. Il n'a plus rien à voir avec eux. Et même si le milieu du cinéma est petit, qu'il a des amis communs avec Truffaut ou qu'ils apprécient certains qui ont témoigné contre lui, il n'a plus rien à voir avec tout cela. Il est parti dans une autre direction. Mais pour la Nouvelle Vague, cette séance à la 17e chambre marque une étape, bien au-delà de Vadim. Pour la dernière fois sans doute, voilà qu'ils se regroupent comme ce qu'ils avaient été : une bande fédérée de jeunes hommes exaltés, en rang d'oignons, à batailler pour une façon de faire, à défendre une vision commune du cinéma. Quand une partie d'entre eux se retrouvera à Cannes en mai 1968, l'enjeu sera tout autre.

Vadim a frôlé la Nouvelle Vague. Il les a côtoyés, mais sans plus. Pas grave. Il n'en a pas besoin. Il a son clan. La bande à Vadim. C'est bien l'une des seules choses qui restent de lui aujourd'hui, l'image d'un groupe d'hommes qui essaimaient les boîtes de nuit, faisaient la bringue chez Castel ou chez Régine. Ils s'étaient rencontrés rue Saint-Benoît, principalement. Les filles passaient, s'échangeaient. Les bagnoles aussi. Rien n'avait d'importance. On louait des maisons, à Megève ou en Provence. Au casting, une quinzaine d'hommes. Des noms qui ne me disent rien: Paul Albou, dentiste; Daniel Buchet, homme d'affaires; Philippe Chaboche, industriel; Pierre de Lassalle; Paul Senouff. Et d'autres plus identifiables: Alexandre Astruc, réalisateur et ami de longue date; les frères Marquand; le scénariste et écrivain Paul Gégauff; l'acteur Maurice Ronet, chez qui il fallait boire le champagne avant d'aller dîner. Ils étaient beaux, bruyants, dilettantes. Parfois désespérés. Les mâles absolus. Des bourgeois, pas de gauche comme d'autres l'étaient en même temps, mais pas de droite comme on peut penser celle d'alors. La nuit, des sauvageons, des playboys tarés. Et le jour, des hommes plus calmes, mais qui ricanent de la normalité des autres, qui attendent le soir pour que le rire advienne enfin. Presque des héros de Rohmer, en complet bien coupé, qui discutent de la vie avec leur secrétaire. Des hommes d'engagement parfois, comme Serge Lafaurie, journaliste à l'anticolonialisme virulent, passé par *L'Express*, et qui sera de la grande aventure de *France-Observateur* et qui a épousé la sœur de Vadim. Un esprit plus flottant, libre-penseur, égoïste, qui se moque des bonnes mœurs. Les hussards d'Antoine Blondin en tout aussi drôles, mais en plus fainéants.

Au milieu, Vadim, en leader incontesté, en chef de rang superbe. Il sait introniser un nouveau membre quand il le faut, lancer un défi, une course de bagnole ou un jeu, quand il y a un drame ou un blanc dans la conversation. Ils se connaissent depuis des années, depuis la fin de leur adolescence. Certains ont mûri, se sont mariés et ont eu des enfants. Mais tous gardent la bande à Vadim comme refuge. Ils peuvent ne pas y être des bons maris, des bons fils de famille. Ils regardent Vadim comme celui qui a réussi à accomplir leurs désirs de jeunes hommes, celui qui n'a pas abandonné le combat du plaisir.

Regarder une époque, comme on peut observer une scène depuis le siège d'une voiture, c'est voir s'agiter un groupe de personnes non identifiées. On ne comprend pas ce qu'ils font, et on les voit comme un seul corps animé. Mais, essayer de trouver la moelle d'un moment, c'est aller se glisser parmi eux, tracer des fils, les suivre et noter les différences. Je me replonge dans les récits des nuits tropéziennes ou parisiennes. Une chose, évidente, apparaît dans les souvenirs de leurs acteurs. C'était une affaire de bande. On était dans l'une, et pas dans l'autre. La bande à Vadim, celle de Sagan, celle de Saint Laurent. Le souvenir d'une époque agglomère tous ces groupes. On oublie les tensions et les silences, on préfère retenir les transfuges, ceux qui sont passés d'un groupe à un autre, et harmoniser notre souvenir. Annabel Schwob, autre proche de Sagan, qui a rejoint celle de Bernard Buffet en l'épousant. Pierre Bergé, qui, après avoir été proche de Buffet, est entré dans la vie de Saint Laurent. Le compositeur Michel Magne, *team* Sagan également, qui a travaillé avec Vadim.

Pour tous ces êtres frivoles, l'enjeu a beau être inconscient, il est de taille, gagner la mainmise sur son époque. Devenir le groupe qui l'incarne. Et certains remportent la bataille. Ils nous offrent les meilleurs souvenirs de leur temps, en érigent des héros. Le Rat Pack des années soixante, avec Frank Sinatra en leader. Le Brat Pack des années quatre-vingt, version littéraire et cocaïnée, avec Bret Easton Ellis qui surplombe le tout. Le Pussy Posse des années quatre-vingt-dix, avec Leonardo DiCaprio en meneur de ces petits cons acteurs qui traquaient les mannequins à New York. Sagan et les siens, avec leur désenchantement rieur. Et, à côté, Vadim et ses esthètes du plaisir.

On regarde les listes de films, on mêle les carrières. Et tout nous paraît limpide. Que celui-ci était nul, que tel autre génial. Qu'à telle date, Godard et Truffaut étaient loin devant les autres, bien devant Vadim, en tout cas. Et on oublie cette évidence : sur le moment, ils peuvent sembler interchangeables. Retournons un an et demi avant ce procès de 1962. Imaginons un spectateur, un mondain, du moins suffisamment pour être invité aux premières. Le mardi 13 septembre 1960 au matin, il reçoit deux cartons pour le soir même. Au cinéma Publicis sur les Champs-Élysées, la première de *L'Avventura*, de Michelangelo Antonioni. Dans la salle, le réalisateur italien, avec Monica Vitti, Marcel Camus, Louis Malle, Yves Allégret… Et tous ceux venus, appâtés par le scandale qui a eu lieu à Cannes quelques mois plus tôt. À quelques centaines de mètres de là, au Colisée, la première d'*Et mourir de plaisir*, de Roger Vadim. Avec, dans la salle, les vedettes du film : Annette Vadim, Elsa Martinelli et Mel Ferrer, mais aussi la compagne de ce dernier, Audrey Hepburn, Jean Marais, Salvador Dalì, André Malraux ou Gary Cooper. Il fait un choix. Le lendemain, il croise un ami qui a fait l'autre. Qui l'emporte ? Aujourd'hui, c'est évident qu'il fallait voir Antonioni. Mais celui qui a été au Publicis n'est-il pas déçu de n'avoir pas penché pour la frivolité de croiser des stars (Cooper ! Hepburn ! Marais ! Dalì !) ?

Pour Vadim, cette soirée de septembre 1960 a signifié autre chose. C'était l'énième étape d'un scandale, intime, mais qui s'affichait partout. Un drame sans enjeu artistique, où il n'était pas question de Nouvelle Vague ou de morale, mais sur lequel la presse a bondi : sa relation avec Annette. Chez Maxim's, tout le monde dîne après la première. La Danoise est la reine, assise sur la banquette de la table principale. Le sorbet au champagne va être servi, chacun y va de son compliment. Elle s'excuse, se lève, fait mine de s'absenter un instant. Va au vestiaire, prend son manteau et court dans la rue Royale. L'y attend Sacha Distel dans une voiture de sport blanche. Elle plante sa grande soirée. La reine a disparu, la fête est gâchée, les invités se lamentent ou ricanent. Vadim fait le tour des nightclubs, « les principales boîtes à scotch du Tout-Paris nocturne » écrit *L'Aurore*, rapportant la soirée et concluant : « Parfois, la dolce vita tourne mal. » Quelques mois plus tôt, Sacha Distel, ex-boyfriend de Brigitte Bardot, a rencontré Annette à Saint-Tropez. Ils sont devenus amants. Les paparazzis ont rendu l'adultère publique. En une de *France-Soir* et de *Paris-Presse*, Vadim a annoncé qu'il comptait divorcer, sans prévenir sa femme. Annette est revenue, puis repartie, et ainsi de suite.

Quelques jours après la scène chez Maxim's, elle est de retour chez eux, avenue d'Ingres. Elle lui promet que c'est fini avec Distel. Vadim doit partir en repérage à Tahiti, l'emmène, ils font escale à Los Angeles où ils dînent avec Brando. L'acteur est curieux de leur destination, qu'il découvrira bientôt en tournant *Les Réfugiés du Bounty*, et dont il fera l'un de ses refuges. Hawaii, puis Tahiti et Tuamotu. Ils reviennent en France via New York. Dans leur chambre d'hôtel, Vadim trouve le numéro de Distel griffonné dans les affaires d'Annette. À leur retour à Paris, rien n'a changé. Le couple est disloqué. Elle répond à l'offre de Dino de Laurentiis d'aller tourner à Rome. Là, les stars françaises sont accueillies comme des princesses par la presse et par les beaux gosses italiens. Nino Manfredi la drague, mais c'est Vittorio Gassman qu'elle choisit. Elle re-quitte Vadim, ils se rabibochent, se séparent. Au final, ils divorceront en mars 1964, longtemps après qu'ils ne seront plus un couple.

Qu'ils étaient beaux, les personnages ou les décors de ce feuilleton réel. En ce tout début de la décennie soixante, la France est avide d'anecdotes sur ses nouvelles vedettes. Chacun a son avis. Annette ? Une salope inconséquente. Gassman ? Un enfoiré. Distel ? Un arriviste, mais si charmant. Vadim ? Il l'a bien mérité, d'être cocu, pour une fois, celui-là. Aujourd'hui, ce ne sont que des coupures de presse remisées dans les archives, des scandales people qui n'avaient pas plus d'importance que ceux dont on se fait à présent l'écho. Certains noms font sourire. Ils paraissent décatis, enkystés dans une époque. Et d'autres, au contraire, sont encore présents. Les allures ou phrasés de ces personnages ont été tellement imités qu'ils sont devenus des totems. Et cela nous surprend de les retrouver là, dans une chronique mondaine ridicule et vieillotte, dans une photographie d'une soirée oubliée. Ou bien dans le film d'une époque où chaque star pouvait chuter, et chaque figurant étinceler, et dont la pellicule a brûlé.

Vadimiser

La jeune fille danse dans la boîte de nuit. Elle n'est pas blonde. Sa sœur est avec elle. La salle bouge sur un charleston, une vieille danse. C'est étrange de voir des gens encore dans l'adolescence faire les mêmes pas qu'il y a quarante ans, suivre la chorégraphie exacte, se concentrer, rire et rater le pas au même moment. Ce n'est pas seulement le charleston qui fait son retour. Il y a aussi Montparnasse. Depuis quelque temps, on ne va plus rue Saint-Benoît avec la même ferveur qu'auparavant. On y passe, bien sûr. C'est la maison. Mais on ne s'y attarde pas. On va quelques centaines de mètres au sud, là même où, justement à l'époque du charleston, Montparnasse était le centre de Paris. Pour la faune dans le coup, un déplacement a du sens. Il nous dit qu'il est temps de s'en aller. De se créer d'autres lieux. Avec les mêmes gens, les mêmes whiskies, les mêmes disques, à peine plus toniques ou rythmés, les mêmes danses. Mais ailleurs. C'est plus amusant. Saint-Tropez, Juan-les-Pins, Courchevel, New York si on en a les moyens, oui. Pourquoi pas Montparnasse ? En ce moment, c'est là qu'il faut être. Précisément à l'Épi-Club, boulevard de Montparnasse, ouvert par Jean Castel, le patron des night-clubs. Au rez-de-chaussée, c'est une épicerie avec fruits et légumes. Au sous-sol, la boîte de nuit. Où Vadim boit un verre. Et où dansent deux sœurs du boulevard Murat, Françoise et Catherine Dorléac.

Françoise est déjà actrice, Catherine pas encore. Françoise tourne au studio de Boulogne-Billancourt, et Catherine va parfois lui rendre visite. Quelque temps plus tard, Vadim y vient. Ils se retrouvent. Très vite, ils forment un couple, lui, le cinéaste, que toute la France connaît, et elle, la jeune fille inconnue de quinze ans sa cadette. Et ça repart : un quotidien dont j'ignore tout, des premiers baisers, des embrassades volées, des parents à qui on présente Vadim, un couple qui naît. Cette vie de quelques mois, c'est la même chose que pour Bardot. Elle ne me regarde pas. Elle m'amuse peut-être, me divertit sans doute, mais, au fond, elle ne m'intéresse pas vraiment. J'en ai les dates, quelques marqueurs. Le tournage des scènes d'extérieur de *La Bride sur le cou*, à Villard-de-Lans, où Catherine l'accompagne, son installation dans l'appartement de Vadim, au 9e étage de l'avenue d'Ingres, au-dessus de chez Philippe de Gaulle, le fils du Général, d'où la présence continue de policiers. Elle avait déjà tourné. Mais là, elle va s'y mettre sérieusement. Et elle devient blonde.

Dans un sketch des *Parisiennes* écrit par Vadim, réalisé par Marc Allégret et sorti le 17 janvier 1962, elle est une jeune fille qui rencontre par hasard un jeune chanteur, Johnny Hallyday. Dans *Et Satan conduit le bal*, de Grisha Dabat, que Vadim parraine, ayant produit et scénarisé le film, qui sort en octobre 1962, elle est Manuelle, la fille d'un malfrat, amoureuse d'un gigolo, Jacques Perrin (qu'elle retrouvera plus tard chez Jacques Demy). Vadim décide d'en faire la Vertu, dans *Le Vice et la Vertu*. Une variation sur Sade, où, pendant la Seconde Guerre mondiale, deux sœurs ont des parcours opposés. Juliette, le Vice (Annie Girardot), couche avec un officier allemand, tandis que Justine, la Vertu, s'oppose à l'occupant et se voit kidnappée et enfermée dans un château-harem dévolu au seul plaisir des SS. Vadim filme au Lutetia et dans le Périgord, à Souillac.

Ses copains jouent des rôles : Robert Hossein, Serge Marquand, Paul Gégauff… Le film est de très mauvais goût, raté. Vadim a voulu faire ce qu'on attendait de lui, provoquer avec un mélange d'érotisme et de réflexion sur l'histoire récente, mais tout sonne faux. À sa sortie, le 1er mars 1963, les spectateurs huent. Les critiques le laminent. *Le Monde* écrit même : « Catherine Deneuve est une "vertu" plutôt pâlotte. »

Une jeune femme inconnue, belle, qui fait du cinéma et se teint les cheveux. C'est trop simple, trop logique. C'est du Vadim. C'est lui. Ça ne peut être que lui… Vadim a créé Catherine Deneuve ? Je ne veux pas y croire. Surtout, je sais que ce n'est pas vrai. Je vois la filmographie de Deneuve, immense, précise, impeccable. Ce n'est pas possible qu'elle soit la créature imaginée par un Pygmalion. Oui, elle est devenue blonde après avoir rencontré Vadim, et oui, elle a fait du cinéma. Mais ça ne suffit pas. Ces données, on les lit comme des enchaînements. Sans lui, elle aurait eu exactement la même carrière. Ce n'est pas moi qui pense ça, c'est Vadim lui-même, le 27 octobre 1962, sur le tournage du *Vice et la Vertu*. L'émission *Cinépanorama* interroge le réalisateur sur ses dons de Svengali. Il réfute : « Catherine était actrice avant que je la rencontre. » Bien sûr qu'elle a changé, mais c'est normal : « Quand on voit quelqu'un beaucoup, qu'on a des relations d'intimité, de tendresse, il est certain qu'on change. Qui change le plus ? Est-ce que c'est l'homme ? Est-ce que c'est la femme ? »

De toute manière, c'est faux. Vadim n'a pas été le Pygmalion de Brigitte, ni de Catherine, ni plus tard de Jane. Il les a aimées, a partagé leurs vies à des moments où elles étaient en pleine mutation. Dans les années soixante, il refuse chaque fois de se vivre comme leur créateur. Mais, toujours, on le lui rappelle. L'étiquette se colle à lui. Catherine fait la une des journaux, on parle de la nouvelle future Mme Vadim. On crée pour lui un harem, dans lequel il va piocher, et où les filles sont interchangeables. Quand Vadim s'est mis avec Annette, tout le monde l'a comparée à Brigitte. Quand il s'est mis avec Catherine, on a dit qu'elle ressemblait à Brigitte.

Cinépanorama, toujours. Le reporter interviewe Catherine Deneuve. « Vous avez également un autre handicap. Enfin, je m'excuse d'en parler, mais c'est certain. Tout le monde vous compare plus ou moins à quelqu'un d'autre. On dit : “Tiens, Vadim lui a fait changer de coiffure”, exactement comme quelqu'un d'autre. Ou “Tiens, elle a acheté le même manteau, avec le même petit col en je ne sais pas quoi”. » Deneuve l'interrompt : « Mais vous savez que c'est pas vrai, tout ça. (...) Ça me fait de la peine. Ce que vous m'avez dit pour la coiffure, c'est exact, mais c'est pas Vadim qui l'a voulu, c'est moi. C'est sûrement un tort, mais enfin, c'est moi qui ai décidé. Pour cette histoire de manteau, ça me fait rire, parce que ça m'a beaucoup énervé sur le moment, et c'est entièrement faux. Je connais Brigitte très bien, et il est normal qu'on se demande où on a acheté des choses. Alors, il arrive souvent qu'on se retrouve avec la même robe ou le même manteau. » Le reporter continue : « Ce qu'il y a avec vous, Catherine Deneuve, c'est qu'on a l'impression que vous vous cherchez, que vous cherchez un style. On voit beaucoup de photos de vous et vous n'êtes jamais pareille. Pardonnez-moi l'expression, mais vous n'êtes pas tout à fait finie. » C'est si violent, cette réflexion, qui sonne comme une insulte lancée à une jeune actrice à peine sortie de l'adolescence. Le pire, c'est que le journaliste a l'air sincère.

Je lis ces comparaisons et je ne les comprends pas. Oui, elles sont blondes, ont les cheveux choucroutés et des robes comparables. Mais, dans nos albums de famille, n'avons-nous pas des femmes qui ont les mêmes robes, les mêmes coupes ? La poule et l'œuf de la culture populaire. Est-ce Bardot/Stroyberg/Deneuve/Fonda qui ont inspiré à ma mère de s'éclaircir les cheveux, adolescente, avec de l'eau oxygénée ? Ou bien est-ce qu'elles ont vu, ce cortège, ma mère et les autres, se déteindre les cheveux, se les couper en frange, ou leur donner du volume, et se sont dit que c'était ça qu'il fallait faire ? Je n'ai pas la réponse. Je ne peux qu'être là, à regarder tous ces êtres, Bardot, Deneuve, ma mère.

Bardot est comme Deneuve. Elle avale Vadim, l'engloutit dans un petit rôle. Lui qui s'enorgueillissait de les avoir révélées, et non créées, qui montrait aux autres à quel point elles étaient belles, talentueuses, formidables. Voilà que le moteur démarre et que la course commence. Elles foncent. Et Vadim a beau courir, on dirait qu'il trottine. Elles le dépassent. C'est évident. J'ai du mal à voir Catherine Deneuve. Il faut que je me concentre, que je retire une à une chacune de ces choses qui l'encombrent, que je la sorte de son époque. Je m'efforce. Et alors, là, les yeux, la voix, la présence, tout apparaît. Je devine Catherine Deneuve. Elle s'épanouit. Avec ou sans Vadim ? Ce n'est plus la question. Le même processus qu'avec Bardot recommence. Je veux écrire sur Vadim et c'est celle à ses côtés qui le dépasse. Il y a les photos des magazines où ils sont à Saint-Tropez, ou sur des routes de montagne. Ils sont beaux, ils ont l'air amoureux. Mais Vadim, ici, n'a aucun intérêt. La seule chose qui compte de cette époque, c'est que c'est le moment où Catherine Deneuve devient cet être de cinéma. Vadim se fait bouffer. Alors, dans les interviews, dans la vie, il en rajoute, en fait trop. Sort, boit. Pigalle, les strip-teaseuses, puis le cabaret de Madame Arthur. Ne rentre pas. Ce n'est pas avec lui, mais face à lui qu'elle se transforme en actrice. Demy l'a contactée pour *Les Parapluies de Cherbourg*. Elle tourne avec lui les mois suivant la naissance de leur fils, Christian, le 18 juin 1963, qui les rend follement heureux tous les deux. Mais ils se sépareront vite.

À peine ai-je commencé d'ausculter une de ces femmes, de sauter de la Ferrari de Vadim à celle, plus éternelle, de leur carrière, que c'est à un autre bolide de les dépasser toutes. Celui que prend ma mère, que pensent les autres femmes, celles que je croise dans la rue. Et voilà que les premiers rôles, les Bardot, Deneuve ou autres, deviennent moins passionnantes que leurs doublures. Toutes ont en commun un aréopage de robes courtes, de traits sur les yeux, de chaussures aux talons pas très hauts, d'accessoires. Un phrasé, gouailleur et poli. Des expressions toutes faites, des gros mots bien sages. C'est un uniforme qui se coud petit à petit. Les filles de 1962 doivent être les mêmes, ça arrange tout le monde.

Au début des années soixante, l'Amérique aime les lapins. Et l'Europe, les chatons. En décembre 1953, à Chicago, Hugh Hefner a lancé le magazine *Playboy. Stag nights*, cocktails, mobilier design. L'homme à la chemise de nuit rouge s'adresse aux hommes américains. Il est à rebours des valeurs chrétiennes, des lobbies moralistes, et affirme la toute-puissance de la virilité hétérosexuelle. Vous avez le droit à votre plaisir, leur lance-t-il. Il suffit juste de devenir comme moi. Et d'avoir des filles à son bras. Enfin, des filles... Des jeunes femmes vêtues d'uniforme de lapin. C'est mignon, un lapin. Doux, inoffensif, craintif. *Bunnies* en anglais. Pour ce nom de baptême, Hefner s'est inspiré du nom d'un bar de l'Illinois. Et, en février 1960, au Playboy Club de Chicago, il a fait servir des bourbons *on the rocks* par des jeunes filles habillées ainsi : collants noirs, maillot de bain une pièce, oreilles et nœud papillon.

En Europe, il y a les *sex kittens*, les chatons sexy, toujours des filles. C'est la presse anglo-saxonne qui a inventé le terme. Les tabloïds anglais, excités par la venue de Bardot à Londres, ou bien les *illustrated magazines* américains, qui voulaient qualifier comme il fallait l'incendie de *Et Dieu... créa la femme*. La France n'a pas eu son Hefner, mais elle a inventé Vadim. Elle aime ses frasques, salue sa virilité baladeuse. Et l'adore, parce qu'il lui a apporté les *sex kittens*, ces petits êtres, si beaux, si sexy, si féminins, et surtout si sauvages. On n'est pas en Amérique où les filles sont offertes. Non, en Europe, il faut les amadouer, les câliner. Un *sex kitten*, c'est si gratifiant. Et elles y ont toutes droit, les femmes de Vadim, à cette appellation. Tout le monde en redemande, de ces chatons sexy, à manier avec précaution comme les bolides que Vadim conduit. Lui joue le jeu, répond à toutes les demandes d'interviews. « Voici pourquoi je dévêts mes femmes en public » dit-il à *France-Soir*. Des articles comme ça, il y en a des dizaines. Ailleurs, il raconte des anecdotes. Il précise ce qu'est la vraie *sex kitten*. Certainement pas une pute. Une fille bien élevée, insolente comme il faut dans un intérieur bourgeois, où on boit du bon vin. Parfois, on quitte ces beaux salons et on va s'encanailler dans des night-clubs.

Vadim vadimise, il va tirer l'essence de ses films à Saint-Germain, à Saint-Tropez et à Megève. Il dialogue ses drames avec les phrases qu'il entend dans les fêtes. La France se dit que c'est encore nouveau, cet univers-là. La guerre d'Algérie est finie, les pieds-noirs arrivent. De Gaulle est président. Les choses sont en train de devenir stables. Et Vadim est l'histrion, le Diable gentil. Ça ne fait de mal à personne.

Hefner passe ses journées sur son lit rond, à commander son empire érotique via des dizaines de téléphones et d'écrans. Vadim, c'est différent. Il est plus réel, plus terre-à-terre, plus européen, plus français.

Et il sait comment faire avec ce pays, avec cette Europe qui redécouvre le plaisir. Il a compris comment attirer le badaud, pas seulement le mondain de Saint-Germain-des-Prés, ni le critique qui aime la Nouvelle Vague. D'ailleurs, ces deux catégories-là, ça fait quelque temps qu'elles ne le suivent plus. Vadim ne les intéresse pas, et c'est réciproque. On n'aime pas les artistes qui font la première page des magazines. Et au moment où on y est, quand, du jour au lendemain, les lecteurs de *Paris-Match* savent où vous avez passé vos vacances ou ce que pense votre mère de sa belle-fille, quel intérêt d'aller discuter sérieusement ? Vadim est populaire. Dans chacun de ses films, il déroule ce que le public attend. Une élégance accessible, une allure dont on comprend qu'elle n'est pas la nôtre, mais qui n'est pas trop extravagante. Les élites créent un mystère, des Xanadus inaccessibles, avec des codes comme des arcanes. Vadim préfère filmer la France des loisirs, en catégorie supérieure. Dans le Sud, ou dans les Alpes, on peut s'approcher des lieux de tournage, croiser les richards qui l'inspirent. On ne peut pas dormir au même hôtel qu'eux, ni manger tous les jours dans leur cantine, mais au moins, on peut regarder par la vitrine, les voir évoluer, en complet léger et entendre leurs rires.

En 1963, il adapte *Château en Suède*, pièce de Françoise Sagan, déjà jouée plusieurs fois au théâtre. Des excentriques qui vivent reclus dans un manoir scandinave, où débarque un jeune homme. Une histoire à la Sagan, avec des personnages pittoresques et des bons mots. Une histoire à la Vadim, aussi. Un peu avant la sortie, l'hebdomadaire gaulliste *Candide* écrit : « Quand Vadim pense et conçoit un film, il envisage également les relations publiques. » Et la revue publie une double page où tous les acteurs du film apparaissent, avec, pour chacun d'eux, la raison pour laquelle Vadim les aurait embauchés. C'est « le Système V ». Françoise Hardy : « Et ces 7 millions de "copains" qui ne vont au cinéma que pour voir les reprises des films de James Dean, que faire pour les appâter ? Engager Françoise Hardy, révélation de l'année, que certains voient déjà détrôner le style BB. » Jean-Claude Brialy : « Brialy fait rire. Brialy charme les femmes mûres et distrait les messieurs à responsabilités. Brialy est une vedette commerciale qui attire cette fameuse clientèle bourgeoise. Alors, un rôle pour Brialy ! » Monica Vitti : « Comment attirer la clientèle intellectuelle, celle qui aime les films “difficiles” d’Antonioni, de Losey et de Resnais ? En donnant un rôle à Monica Vitti, égérie d’Antonioni, vedette de *L’Avventura*, de *La Nuit* et de *L’Éclipse.* » Et ainsi de suite pour le reste du casting par Jean-Louis Trintignant et Curd Jürgens, qu’il retrouve. Cela ne suffira pas, le film sera un échec.

Il est bon pour la publicité. Peu à peu, ça empiète sur tout. Vadim veut toujours courir. Être à la hauteur de son image. Offrir au public ces instants d’érotisme, ces fragments de vie qui choquent les moralos. Bardot est toujours là. En 1962, il a adapté le roman de Christiane Rochefort, *Le Repos du guerrier.* Brigitte est une jeune héritière, très riche, qui tombe amoureuse d’un homme (Robert Hossein) qu’elle sauve du suicide. Il la maltraite, l’humilie, la trompe. Il filme le nihilisme qu’il croise dans les salons, les couples qui se déchirent et où la donne se renverse. Le monstre se jette aux pieds de cette femme qu’il aime et qui ne veut plus de lui. Il pleure et, pathétique, la supplie de le garder. Brigitte est là, impériale, le vent dans ses cheveux.

Vadim filme la scène, sait que ce sera celle dont tout le monde se souviendra, celle qui sera déclinée, en version plus dénudée encore, sur l’affiche.

Comme le strip-tease des *Liaisons dangereuses*, plus tard celui de *Barbarella*, la danse de Brigitte dans *Et Dieu... créa la femme*, il fait de ses films l'équivalent d'une bande-annonce, d'un spot de pub, avec un message clair et simple. La nuit, les adolescents rêvent de prendre les mains de Brigitte et de les lui relever, de voir ce corps parfait, de l'avoir rien qu'à eux. Vadim offre aux jeunes garçons, aux hommes mariés, un aperçu de ce qu'on leur promet partout et auquel ils n'ont pas droit, parce que c'est la plèbe. Il leur montre ce que c'est que le corps de la perfection, d'une vraie femme, comme on en croise chez Castel ou chez Régine. Et qu'on ramène chez soi, dans son bel appartement. Bienvenue dans le peep-show comme il faut, Vadim ouvre un peu le rideau, et propose un extrait. Un best-of. *Le Repos du guerrier* fait 2,8 millions d'entrées. Un succès. Vadim gagne à presque tous les coups. Avec ses campagnes de publicité, ses *sex kittens*, ses dialogues spirituels, sa légèreté, ses moments de bonheur. C'est accessible et désirable. Et ça suffit encore pour le moment.

Une phrase du philosohe Giorgio Agamben m'a longtemps interpellé : « Celui qui appartient véritablement à son temps, le vrai contemporain, est celui qui ne coïncide pas parfaitement avec lui ni n'adhère à ses prétentions, et se définit, en ce sens, comme inactuel ; mais précisément pour cette raison, précisément par cet écart et cet anachronisme, il est plus apte que les autres à percevoir et à saisir son temps. » Il aura fallu que j'entasse la chronique mondaine, les anecdotes les plus idiotes, le récit d'une nuit chez Madame Arthur ou une description des manteaux de laine que mettaient les actrices de 1962 pour qu'elle s'éclaire. Vadim devient l'image du contemporain. Il colle sa tête contre la vitre de son temps. Il n'arrive plus à voir sur les bords de son champ de vision, là où les choses commencent à se faire. Il fume, boit, s'habille et conduit comme il faut. On ne peut rien lui reprocher. Mais il est tellement à l'heure qu'il ne pense plus qu'à ça. Son bonheur l'obsède, l'aveugle. Vadim n'a pas préparé la suite.

Apparition

L'Europe aime les jeunes filles parfaites, Vadim les filme. Mais oublions les supposés démiurges. Il y a aussi les chevilles ouvrières. J'en retiens une, discrète et mystérieuse. Odette Berroyer, maquilleuse. Je ne sais quasiment rien d'elle, à peine à quoi elle ressemblait. Elle a rencontré Bardot sur le tournage de *Cette sacrée gamine*, réalisé par Michel Boisrond et coécrit par Vadim, en 1956, et ne l'a plus quittée. Pendant deux décennies, jusqu'au retrait de Brigitte des plateaux, elle était toujours là, à peaufiner le contour des yeux ou le velouté des joues. Mais elle était aussi là, pinceaux et poudrier en main, sur le visage de Catherine Deneuve dans *Le Vice et la Vertu*, puis de Jane Fonda dans *La Curée*. Odette Berroyer, cet attelage de nom et prénom si français, vieux jeu même, a façonné les traits de la Française moderne. Elle a travaillé sur des dizaines de films : *La Grande Vadrouille*, *Le Charme discret de la bourgeoisie*, *Vincent, François, Paul et les autres...* En plus de Bardot, elle a retravaillé avec Deneuve, notamment pour *La Chamade* d'Alain Cavalier. Ce visage de Deneuve qui me bouleverse, c'est elle. À l'imaginer avec Bardot, Deneuve, Fonda, dans les loges, avant que les scènes ne soient tournées, la machine de l'imagination s'emballe. Leur donnait-elle des conseils ? Qui avait-elle en tête quand elle sculptait ces visages magnifiques ? Des stars d'hier, ses propres rêves ? Ou bien était-elle frappée par ces jeunes filles angoissées ou rieuses ? Et, surtout, comment se maquillait-elle ?

Barbie-rella

La jeune fille danse dans la boîte de nuit. Elle est blonde. Elle n'est pas seule. Christian Marquand tourne autour d'elle. Vadim est aussi là, ce soir, Chez Maxim's. De loin, il regarde la jeune Américaine. Il est avec une fille, blonde, magnifique. Comme elle. Sauf que Jane Fonda ne s'aime pas trop. Elle ne se trouve pas très belle, un peu godiche même, bien en dessous de ces Parisiennes parfaites. Lui, il est à l'aise. Cette boîte de nuit, c'est son biotope. Il a l'air d'un prédateur, voilà ce que se dit la fille de Henry Fonda. Il fait peur. Quand il s'approche de vous, on sait qu'il veut vous dévorer. Il la dévisage. Oui, elle a quelque chose, mais ça ne suffit pas. Il passe à d'autres filles, blondes aussi, qui dansent. Ça a duré quelques minutes. Ils se sont juste croisés. De toute manière, elle était de passage.

Elle quitte Paris vite et retourne chez elle, à Hollywood. Elle ne se souvient pas vraiment de lui, si ce n'est qu'il avait l'air carnassier.

Alors, quand Jane reçoit la proposition d'un film qu'il réaliserait, elle décline l'offre. Le scénario est l'adaptation d'une série de romans à succès, parus quelques années plus tôt, écrits par Anne Golon avec son mari Serge, *Angélique*. Vadim doit signer le film, et Francis Cosne, à la production, a pensé à Jane Fonda. La réponse arrive par télégramme : « Jane Fonda n'est pas intéressée par un film en costumes. » Et, surtout, elle « ne tournera jamais avec Roger Vadim ». Il ne réalisera pas *Angélique*, c'est un autre qui s'en chargera, et le dos de Michèle Mercier affolera les pères de famille. Vadim est prévenu, pas question de relancer cette Jane Fonda. Elle ne travaillera jamais avec lui. Mais avec Alain Delon, oui. Personne ne peut refuser une chose pareille. Elle vient en France pour *Les Félins*, mis en scène par René Clément, où joue le bellâtre, qui ne la regarde pas. La jeune Américaine connaît peu de monde à Paris : Signoret, dont elle est proche, et quelques autres. Mais elle est seule. Olga Horstig, l'agent de Bardot, la prend sous son aile et dans son écurie. Elle organise une fête pour l'anniversaire de la jeune fille et invite Vadim. Ils se retrouvent, passent la soirée à discuter. Il a l'air doux, entonne des chansons paillardes pour la faire rire. Ça marche. Quelques jours plus tard, ils se rencontrent de nouveau. Jane tourne aux studios Éclair à Épinay-sur-Seine, et Vadim est venu rendre visite à un ami. Elle apprend sa présence, court le rejoindre à la cafétéria. Elle est encore en costume, un corset sur lequel elle a jeté un simple imperméable. Elle, si timide, si mal dans sa peau, se montre devant tout le monde à moitié nue. Ça l'amuse.

Elle avait été mise en garde : c'est un monstre. Elle n'a pas encore oublié combien il pouvait mettre mal à l'aise. On lui a dit de faire attention. Il ne faut pas trop s'approcher de Vadim. Elle y pense quand ils arrivent dans sa chambre au Relais Bisson, au 37, quai des Grands-Augustins, quand ils s'embrassent. Elle a peur. Le frisson quand ils se déshabillent, s'enlacent avec passion. Et pourtant, rien ne se passe. Vadim n'y arrive pas. Une panne. Il ne dit rien, pétrifié. Elle pense que c'est sa propre faute. Ils réessaient. Toujours rien. Si elle voulait un French lover, elle aurait dû faire appel à quelqu'un d'autre. À Delon, ou à ces jeunes premiers magnifiques qui lui courent après, émoustillés par elle, ou par le nom de Fonda. Mais c'est Vadim qu'elle veut. Ça dure ainsi quelque temps. Le couple ne couche pas, mais tombe amoureux. Au bout de quelque temps, la panne est réparée, et ils restent des week-ends entiers à s'aimer.

Ce détail de l'impuissance passagère est trivial. Vadim et Fonda l'ont évoqué dans leurs autobiographies. Mais pourquoi est-ce qu'il m'interpelle ? Par voyeurisme ? Peut-être. Ce n'est pas tout. À force de lire et relire tout sur Vadim, je pense que tout doit se dessiner clairement, qu'il ne peut pas y avoir d'accident, même au lit. Je deviens comme lui. Je colle trop à mon sujet, je m'imagine trop dans cette chambre pour parvenir à comprendre ce qu'il s'y passe. Que même Vadim, cet amant au sexe énorme que le Tout-Paris compare à celui d'Errol Flynn ou de Frank Sinatra, flanche. Même lui, avec une fille aussi désirable. Au début des années soixante, on ne pense pas que la virilité surpuissante, et grotesque de triomphe permanent, peut connaître un raté. Eh bien si. Dans une chambre d'hôtel en 1964, l'homme qui, par sa simple présence, était une leçon de masculinité, l'archétype du mâle voit sa virilité momentanément mise à mal.

Jane a déjà fait des films aux États-Unis. Elle est déjà quelqu'un. Mais elle est surtout la fille de son père, Henry, l'acteur des *Raisins de la colère* que la gauche française admire. En apparence, elle a de l'assurance, devant les caméras de télévision qui viennent l'interviewer. Mais elle est mal dans sa peau. Son père, si célèbre, était dur. Sa mère s'est tranché la gorge quand elle avait treize ans, et jamais ses belles-mères en série n'ont pu la remplacer, bien au contraire. Très vite, Vadim et Jane s'installent ensemble. D'abord dans un petit appartement de la rue Séguier, dans le 6e arrondissement. Puis, l'industriel Paul-Louis Weiller, celui qui a accueilli Vadim et Annette chez lui dans le Sud pour leur mariage, les invite à loger dans son hôtel particulier de la rue Vieille-du-Temple, le même où Annette avait vécu. Ils jouent à la vie domestique. Jane meuble et s'occupe du ménage. Elle fait la cuisine (mal), range tout frénétiquement. Vadim se moque de tout cela. Il répète à sa femme, exaspérée par les piles de vaisselle, que rien n'a d'importance, qu'elle s'embarrasse trop des choses pratiques. Ils s'aiment. Il l'emmène en Russie, le pays de ses ancêtres. Moscou, Saint-Pétersbourg. Découvrent la réalité de ce Grand Méchant Loup communiste avec qui ils ont chacun grandi.

Il la fait tourner dans *La Ronde*, adaptation de la pièce d'Arthur Schnitzler, que Marcel Ophüls a déjà mise en scène quinze ans plus tôt. Jane est disciplinée sur le plateau. Elle suit Vadim qui la pousse à se libérer de quelques tics hollywoodiens. Toujours la même partition qui recommence : pousser l'autre, la guider, l'aider, la rassurer. Alors qu'il répète sa méthode, la sonate ne sonne pas pareil, elle se désaccorde, change de rythme. Jane descend de l'aristocratie hollywoodienne, elle est légitime. Et n'a pas besoin de comparaison avec les précédentes filles de Vadim. Elle se fâche (poliment) contre les journalistes, les envoie balader quand ils évoquent Brigitte. Jane, si sage, si timide, dit aux autres que les filles blondes ne sont pas interchangeables. En 1964, c'est inédit.

Il ne fera pas d'elle une actrice. Elle l'est déjà. Il l'aide, la conseille sur ses films ou son jeu, mais c'est tout. Il a décidé d'autre chose. Il va décoincer Jane, cette Américaine si américaine. Il vomit les valeurs bourgeoises, la domesticité, la monogamie, la fidélité, le couple. Et il lui demande de faire pareil. Ce qu'elle en pense ? Peu importe. Il a raison, il le sait. Il ramène des filles au 47, rue Vieille-du-Temple. Des amies, mais souvent des escort girls, trouvées chez Mme Claude, la maquerelle du Tout-Paris. Il les jette dans le lit, passe des heures avec elles deux. Parfois, ils sont plus encore. Et il s'en va, boire avec la bande, passer la nuit avec d'autres filles. Jouer au casino. Ne pas rentrer le matin. Chaque fois que Jane le lui reproche, c'est elle, la prude. Elle accepte tout. Elle est si terrifiée d'être abandonnée qu'elle prend le pli, joue le jeu. Et dépasse tout le monde, redemande que l'une de ces filles revienne, va en boîte de nuit et se force à s'amuser avec les copains, à prendre une bouteille de vodka et à la vider sur Vadim, à lui faire un shampooing devant tout le monde, et se retrouver adoubée pour tant d'audace.

Vadim court toujours, comme à Saint-Germain-des-Prés hier. Son monde est clos : sa bande d'amis, ses tournages. Les producteurs le reçoivent, les chiffres des *Liaisons dangereuses*, du *Repos du guerrier* sous les yeux. Il vit quelque part entre la rue Vieille-du-Temple, les casinos, les boîtes de nuit, Saint-Tropez. Il vit comme il vivait il y a cinq ans. Il ne se pose pas de questions. Tout est tracé. Et Jane doit le suivre. Elle est boulimique et le cache à tous, ne veut pas de ce mode de vie et se l'impose quand même. Pour ne pas décevoir Vadim, ni les autres, pour ne pas rentrer aux États-Unis avec un échec à présenter à son père, à Hollywood. Elle ferme les yeux sur les quantités d'alcool que Vadim ingurgite, sur son goût pour le jeu. Lui ne voit pas le problème, ne veut pas le voir.

Bien sûr qu'à ce moment-là, c'est un salaud. Évidemment que Jane souffre. Aujourd'hui, tout semble limpide. On le sait, que les tentatives d'amour libre ont laissé certain(e)s détruits, que la fête comme mode de vie a détruit, magnifiquement d'abord, puis pathétiquement parfois. On a lu tant de récits de jouissances qui s'achèvent pour savoir, avec aisance, ce qui était, et ce qu'il fallait faire. On sait tellement tout qu'on en oublie la base, que la violence que ces jouisseurs faisaient vivre se dilatait sur plusieurs années. Ce n'était pas un moment précis où l'esprit d'une époque chavirait vers la maltraitance, ou au fait divers. C'est arrivé, dramatiquement. Mais la plupart du temps, cela se distillait, tout doucement. Et, sur le moment, par paresse cruelle, on admire la flamboyance plutôt qu'on l'ausculte. En ce milieu des années soixante, c'est Vadim qui est formidable. Il est en pilotage automatique. On lui demande d'être Vadim. C'est agréable et facile. Alors, il vadimise.

Je repense à la phrase de Godard : « Ainsi, inutile de féliciter Vadim d'être en avance, car il se trouve seulement que si tous les autres sont en retard, lui, en revanche, est à l'heure juste. » Elle est valable en 1957. Elle l'était en 1956, et puis en 1958, en 1959, en 1960. L'est-elle encore en 1964, en 1965 ? Quand elle commence à retarder, une montre affiche d'abord quelques secondes d'erreur. Deux ou trois, pas plus. Puis, il s'agit d'une vingtaine de secondes. Presque rien. On ne s'en rend même pas compte. On continue de suivre ce que nous dit le cadran, on lui fait confiance pour nos rendez-vous et horaires de bus. Il n'y a pas de raison de ne pas la croire, elle a marché pendant si longtemps. Parfois, en discutant avec quelqu'un, de nos montres justement, ou bien de l'heure exacte, parce que ça arrive, par ennui, on se rend compte qu'on n'a pas la même. C'est l'autre qui se trompe. Il n'a pas la bonne heure. Et puis, quelle importance ? Ça arrive une ou deux fois. On prend conscience que notre montre a un léger retard. On fait avec. Notre corps se réveille plus tôt. Quelques moments où on doit se presser, ça ne change rien. Et on oublie.

Vadim est toujours là où il faut être. Bars, restaurants, boîtes de nuit. Mais quelque chose a changé. Un double mouvement, toujours le même, s'installe en moi. Je peux tout voir, tout lire, sur le Vadim du milieu des années soixante, et raconter ce qui lui arrive, comme une ligne droite, imperturbable, sans arrêts. Mais une autre ligne se dessine, plus doucement encore, par détails : celle de son époque qui commence à la dépasser, à prendre quelques secondes d'avance. C'est celle-ci qui compte pour nous. L'autre, elle ne regarde que Vadim, ses proches, amis et famille. Elle ne nous dit plus rien, à nous qui savons qu'elle retarde. Ce n'est plus lui qui importe. C'est Jane, qui se sensibilise au monde qui l'entoure, devient timidement, dans un premier temps, féministe, se politise. Il la regarde changer petit à petit. Il ne fait rien. C'est la limite de ses pouvoirs. Tout se présente à lui, et il suit. Sur le moment, personne ne s'en rend compte. Rien de grave, c'est même plutôt oisif.

Jane doit tourner à Los Angeles, et ils partent ensemble. Vadim observe ce monde dont il ne connaît pas grand-chose. Ils s'installent à Malibu quelque temps, à Colony, une bande de sable de quelques kilomètres à peine, coincée entre l'océan et la Pacific Coast Highway, où les vedettes hollywoodiennes viennent en villégiature, à quelques kilomètres seulement de leurs résidences principales. Gloria Swanson est venue là, comme Gary Cooper, Barbara Stanwyck ou Clara Bow. C'est le saint des saints. Pas là où se font les films, où la magie du cinéma s'opère. Non, s'y déroule la vraie vie des dieux, l'espace détente de l'Olympe. En maillot de bain et lunettes de soleil, pull de marin, à courir sur la plage en riant, à se filmer en super-8. À discuter avec Mia Farrow, Frank Sinatra. Marlon Brando, Dennis Hopper, Larry Hagman, Jack Nicholson... L'Amérique splendide. Ici, Jane n'est pas encore très célèbre, mais tout le monde connaît le nom de Fonda. C'est une particule. Vadim est le prince consort. Il se faufile entre ces gens, s'amuse avec eux. Le 4 juillet 1965, Jane organise une fête. Tout Hollywood est là. L'ancien et le futur. La table des enfants mélangée au cocktail des grands. Les survivants de l'âge d'or et les futurs loups qui se liment déjà les dents. Henry Fonda est au barbecue et sert du cochon grillé à des jeunes aux cheveux longs. Les Byrds jouent sur le sable. Les vieux, les producteurs, les Darryl Zanuck, les George Cukor, les Jack Lemmon, se retrouvent face à Dennis Hopper et au frère de Jane, Peter. Ils ont ramené des amis. Sur le sable, ou sur la terrasse de la villa, des échos de traversée de l'Amérique en train, ou dans une vieille Ford, en croisent d'autres, des souvenirs des fêtes que donnait Hedy Lamarr ou Gloria Swanson. Il y a des hippies, des gens bizarres, qui disent être acteurs ou artistes, mais qu'on n'a jamais vus ni au cinéma ni au musée. Natalie Wood danse avec Gene Kelly, Larry Hagman fait des blagues. Une fille aux cheveux longs et sales, en robe fleurie, est venue avec son bébé et lui donne le sein devant tout le monde. Vadim glisse entre eux. Il n'en revient pas. C'est Jane qui a tout organisé, sa Jane qu'il aime, mais dont il aime se moquer, dire d'elle qu'elle lui doit tout. Elle a fédéré les États-Unis de Hollywood. Cette fête restera comme l'une des « parties » de la décennie, l'un de ces moments rares où l'usine à rêves se sera apaisée où les batailles générationnelles se seront calmées, et où, pendant quelques heures, sur le sable du Pacifique, quelques dizaines de personnes narcissiques et magnifiques auront dansé et bu ensemble.

On voit des vieux films, on les aime. Mais on ne s'y projette pas. Ça a vieilli, c'est de la fiction, du cinéma. On en connaît trop les ressorts, les secrets de fabrication. Je vois des photos et des vidéos de ces après-midi à Malibu. Ces images de l'intimité des dieux hollywoodiens, on les adore. On en veut, de cette familiarité avec ces êtres superbes. Pas la gloire, ni le succès. Non, ce qui nous fait rêver, ce sont les dîners chez Bacall et Bogart, les soirées avec Marilyn et Miller, Liz Taylor et Burton, les meetings avec Signoret et Montand… Les quelques moments hors du cadre où ces êtres vivent et s'imposent comme les humains qu'ils sont peut-être. À Malibu, on s'imagine partager un sandwich avec Dennis Hopper, emprunter une cigarette Galaxy à Peter Fonda et aller la fumer avec Robert Redford. Courir sur le sable avec Jane Fonda. Être avec Paul Newman et écouter une blague que raconte Warhol, ne pas la comprendre. Bien sûr que c'est crétin comme rêve, bien sûr que ce n'est pas possible. Mais on ne s'arrête pas là. On se met à fumer comme eux, à porter les mêmes habits, pour recréer l'illusion qu'on est sur cette terrasse. Qu'on est comme Vadim, ce Français téléporté dans ce monde qu'il se contente d'observer.

Il travaille, mais les films se montent plus difficilement. *Le Vice et la Vertu*, *Château en*

Suède n'ont pas vraiment marché, *La Ronde* non plus. Le coup d'éclat du *Repos du guerrier* sera dur à répéter. La Nouvelle Vague, si elle n'existe plus en tant que groupe, a imposé de nouveaux codes. Vadim doit batailler davantage. En 1966, il tourne *La Curée*, adaptation de Zola, scénarisée par lui-même, ainsi que Jean Cau et Claude Choublier. Il transpose l'action du Second Empire aux années soixante, délaisse la dénonciation que faisait Zola de la spéculation financière pour se concentrer sur l'histoire d'amour entre la femme d'un homme d'affaires richissime et le fils de ce dernier. C'est Jane qui prend le rôle. Michel Piccoli joue le milliardaire, et Peter McEnery est son fils. *La Curée* sort en juin 1966 en France, et marche bien. Un peu plus de 2,5 millions de spectateurs. Dans *Le Monde*, Jean de Baroncelli écrit: « Jamais Vadim n'a été plus fidèle à lui-même, à sa nature profonde, à ses goûts personnels, à ses "mythes" et à sa légende que dans cet ouvrage d'un baroquisme échevelé et par moments superbe. » Vadim a oublié Zola. Il a vadimisé. Dans *La Curée*, Jane Fonda fait du sport en slip chair et top blanc, chante le « Good Morning » de *Chantons sous la pluie*. On y parle d'une bagarre qui a eu lieu chez Castel. Aux murs, des copies de peintures de Roy Lichtenstein. La musique est psychédélique. Vadim fait tout pour être à l'heure, pour rattraper ces fragments de retard. Il mêle tout ce qui marche, bande-son, mobilier, ambiance… Que reste-t-il d'un tel film aujourd'hui ? Son décor, des commodes et banquettes pop installées dans un hôtel particulier parisien, une piscine intérieure, aux bords couverts de plantes vertes, qui ont des airs de lupanars hallucinogènes. Et, surtout, la salle de bains. Depuis la chambre, on (l'homme) voit ce qui s'y passe, qui (la femme) prend sa douche, par une baie vitrée, dont la transparence s'actionne par télécommande. C'est moderne, efficace, pervers. Un décor à la Vadim.

Sur des images d'archives, je crois reconnaître qu'il a la même chose chez lui, dans la maison que Jane a achetée au hameau de La Fontaine-Richard, à cinq kilomètres de Houdan, à la frontière entre les Yvelines et l'Eure-et-Loir. Une bâtisse de pierres sèches, avec des corps de ferme, des cheminées… Le foyer qu'elle n'avait jamais eu enfant, celui qu'elle se cherchait depuis des années, elle l'a enfin. Elle passe ses journées à aménager. Organise les courses, les travaux, installe des jeux pour enfants, achète et fait planter des arbres, déjà adultes pour gagner du temps. Elle cuisine du jambon de La Nouvelle-Orléans. Elle dit au magazine *Elle:* « La maison de Houdan, le soir, on y fera des fêtes qui ne ressembleront pas à celles de Hollywood, avec du bordeaux et des petits plats que je saurai enfin réussir sans crise de nerfs. La maison de Houdan, je la prépare pour Vadim. Il est indifférent au luxe, mais il n'aime que les choses très belles. Moi aussi, les vieux meubles, la vaisselle, les étains me font battre le cœur comme jamais les bijoux, mais j'ai très peur de me tromper. Je choisis chaque objet dans le trac. Cette maison, j'espère qu'il y sera bien. Ce sera clair, solide, chaleureux, avec partout des feux de bois, des pelouses de tapis et de grands espaces de silence. »

Je veux arriver à saisir ce qui les unissait, les animait. Mais je n'ai rien de tangible, encore une fois. Alors, il me reste une chose, concrète : leurs décors à arpenter mentalement. À aller chercher dans le confort de Houdan, dans cette vie loin de Paris, le rêve domestique de Jane, le goût de Vadim pour l'aisance bourgeoise, lui le sacrilège supposé, le pourfendeur des traditions. Dans *La Curée*, je vois ses rêves érotiques, ses fantaisies pop, ces meubles qui pourraient être de Pierre Paulin et se trouver choisis par le couple Pompidou et atterrir quelques années plus tard à l'Élysée. Et puis, il y a les lieux de passage, dont le simple nom évoque une mythologie : les bungalows du Beverly Hills Hotel, la discrétion du Bel Air Hotel, les villas de Malibu… Et le Dunes de Las Vegas. C'est là, dans une suite au vingtième étage de l'hôtel-casino, que Jane et Vadim se marient le 14 août 1965. Ils sont moins d'une dizaine dans la pièce : Christian Marquand et sa femme, Tina Aumont, Dennis Hopper et Brooke Hayward, Peter Fonda et sa compagne Susan, la mère Marie-Antoinette, la journaliste Oriana Fallaci… Ils ont improvisé la cérémonie, oublié d'acheter les alliances. Leurs amis leur prêtent les leurs. Jane tient son doigt en l'air pour ne pas que la bague tombe. Et puis, Chivas pour tout le monde. Dans les couloirs du Dunes, Vadim disparaît. Trop occupé par une partie de baccarat, il oublie de rejoindre sa nouvelle épouse, déjà couchée, avec sa mère… Le lendemain, gueule de bois ou inattention, ils oublient d'aller déclarer leur mariage au consulat de France. Ils régulariseront la situation en mai 1967, se mariant à la mairie de Saint-Ouen Marchefroy.

Les décors changent, mais l'impression reste la même. Vadim est au deuxième plan. Il suit Jane. En janvier 1967, ils sont sur le plateau d'une émission de télévision américaine, le *Merv Griffin Show*. Ils n'ont que quelques minutes devant eux. Après l'interview, ils doivent filer prendre un avion pour Paris. Il est en costume sombre et cravate à pois blancs. Un peu ostentatoire. Elle est en collants noirs et minijupe à carreaux jaunes. La fille parfaite des sixties. Le présentateur s'adresse d'abord à Jane. Il est chaleureux, amusé. Les Américains savent faire ça, l'*entertainment*. Merv Griffin lui demande les différences entre les États-Unis et la France, raconte quelques anecdotes sur la maison de Houdan. Vadim est à côté, silencieux. Merv Griffin demande à Jane l'autorisation de le faire parler de Brigitte, et d'autres femmes qu'il a fait tourner. Il interroge le Frenchy qui a créé les vedettes. Vadim a un accent très fort, il s'embourbe dans ses explications. Jane l'aide un peu. Il persiste. Le public rit de ce personnage saugrenu, de ses blagues qui tombent à plat. Ce n'est pas la catastrophe : il ne s'humilie pas devant les foyers américains. Les talk-shows demandent d'être directs, incisifs, légers. Il traîne, se prend les pieds dans ses phrases. Il est à côté. Cela n'a pas d'importance. C'était surtout Jane l'invitée. Et elle est parfaite.

À New York, le pop art règne. Lichtenstein, Rauschenberg, Johns, mais surtout Warhol. Les milliardaires et vedettes rampent devant lui et ses superstars. On se presse au Max's Kansas City, à la Factory, dans les entrepôts désaffectés transformés en théâtres. Le speed circule. Tout le monde est plus ou moins bisexuel. Warhol aime les stars, les héritiers, les play-boys, les pervers… Vadim et Fonda sont tout cela à la fois. Ils fréquentent ces gens, dont le mode de vie est plus allumé que le leur, mais pas si différent, seulement plus brillant. Rencontres d'un soir, partouzes, fêtes, happenings… Jane et Vadim passent quelques temps à New York, plusieurs semaines entre Malibu et Houdan. L'euphorie des sixties est différente d'ailleurs. Plus sombre sans doute. Et ce sont les personnages qui comptent. Ondine, Brigid Berlin, Paul America, Viva, tous ces noms qui embrasaient New York et dont ne se souviennent aujourd'hui que les étudiants d'art et les fétichistes, Jackie Curtis, Eric Malanga, Candy Darling… Candy Darling, justement. La fille la plus glamour du monde, née dans un corps d'homme en 1944. La perfection qu'imiteront, parfois inconsciemment, des dizaines de it-girls, et dont s'inspireront tant de maquilleurs et stylistes. Dans son autobiographie, *My Face for the World to See,* elle prétend avoir eu une aventure avec Vadim. Est-ce vrai ? Candy Darling se droguait beaucoup et inventait tout autant. Mais ce délire amphétaminé de Darling nous informe sur la place qu'avait Vadim dans ce bal new-yorkais, qu'il y était un personnage. Celui du prince consort. Dans son aventure fictionnelle, le cœur de Candy Darling se gonfle de fierté à l'idée d'avoir eu une aventure avec le « mari de Jane Fonda ».

Jamais il n'avait vu un monde pareil, aussi siphonné, expérimental. Il n'y joue aucun rôle, si ce n'est de participer à la fête, comme tous les happy few sélectionnés par la grâce des années soixante. Face à lui se déploie quelque chose que l'on n'avait jamais vu avant, et qui ne se reproduira plus. Un univers cintré, aux contours flous. Où les garçons et les filles se réinventent face à la caméra et rêvent de briller, de crier à leurs parents qu'ils déjouent les prédictions. Les jeunes préparaient une surprise, annonçait-il en 1957 ? Elle a eu lieu. C'est le monde pop. Magnifique, enthousiasmant et déchirant. La drogue et le plastique, les photomontages et le rock, tout est promesse. Contrairement à ses vingt ans à Saint-Germain, ils ont besoin d'appareils photo, d'habits dorés, de minijupes, de stupéfiants. Il est émerveillé. Ces gens sont de leur temps. Ils vivent, respirent tous les rêves possibles par chacun de leurs pores, déjà fatiguées par la came et l'âge adulte. Ils sont beaux, et excitants. Il va faire quelque chose avec ça, avec eux.

Jean-Claude Forest l'avait dessinée en pensant à Brigitte. Blonde, souvent nue. Bardot, c'est le fantasme, la perfection. Le calque de toutes les autres, celle qu'on imite, la Vénus de l'époque. Il l'adore, comme tout le monde. Dans les cases de sa bande dessinée, il souligne sa taille, sa chevelure qui tombe, comme dans *Et Dieu… créa la femme*, comme dans *Le Mépris*, comme dans ses fantasmes. Et il l'habille, parfois, avec une tunique moulante, des cuissardes. Ou bien un bout de tissu déchiré qui couvre à peine. Il en fait une héroïne intergalactique, libre et sauvage, *Barbarella*. D'abord parues dans *V Magazine* au printemps 1962, ses péripéties ont été publiées dans un album en décembre 1964. Le producteur de cinéma Dino de Laurentiis bataille ferme et gagne la bataille des droits. L'Italien va en faire un film. Une aventure de science-fiction, érotique, sexy. Il lui faut une actrice à la hauteur. Brigitte Bardot ? Elle refuse. Sophia Loren, l'épouse de son rival Carlo Ponti ? Non. La galaxie des actrices des sixties y passe. Virna Lisi ? Élisabeth Wiener ? Ira von Furstenberg ? Pas possible. Elles ont des engagements, le rôle est trop osé, la famille ne veut pas. Et pourquoi pas Jane Fonda ? Dino de Laurentiis lui propose. Elle hésite, veut d'abord dire non. Vadim s'emballe. Depuis l'enfance, il adore la science-fiction, c'est la « littérature de notre époque » dit-il. Il pousse Jane, et il s'impose comme le réalisateur.

Avec *Et Dieu… créa la femme*, c'est le film le plus célèbre de Vadim. Celui auquel on associe immanquablement son nom. Il repasse le soir à la télévision. On le trouve en DVD. On le cite souvent. Les créateurs de mode s'en inspirent. On prononce Barbarella et un monde apparaît. L'histoire d'une jeune aventurière spatiale qui, dans le futur lointain, atterrit sur une planète étrange. L'humanité a depuis longtemps abandonné l'idée de sexe. Et, sur ce monde inconnu, elle est bien innocente des intentions des hommes. Un homme veut coucher avec elle, elle le fait par politesse. Un ange est aveugle, il est incapable de voler et ne connaît pas le plaisir. Elle passe la nuit avec, ils chevauchent les airs. Elle se retrouve à SoGo, abréviation de Sodome et Gomorrhe, ville de dépravation dirigée par le Grand Tyran, la Reine noire. Barbarella se retrouve prisonnière de l'Orgasmatron, une machine à jouir qui manque de la tuer... Je pourrais en citer encore et encore, des moments du film, des fragments qui ont, inconsciemment ou non, envahi l'imaginaire collectif. *Barbarella* est suranné, mais il est encore là. On le connaît.

Un chef-d'œuvre est décortiqué, analysé, scanné. Des années après sa sortie, on en rediscute encore. On se dispute à son sujet. Mais il existe des films impurs qui suscitent une émotion tout autre. Sur des sites Internet anglophones, existe une catégorie : Trivia. En français, « Bagatelles ». Ce n'est plus le film qui compte vraiment, mais ce qu'il y a autour. Les anecdotes, les petits faits, les détails. *Barbarella*, c'est tout cela. Le groupe anglais Duran Duran s'est baptisé ainsi en référence au personnage de Durand Durand. Les penseurs du postmodernisme, en architecture, ont collé des plans du film dans leurs ouvrages théoriques. Il s'agit du seul rôle parlant de Marcel Marceau. Prince s'est inspiré du film. Le mot de passe qu'un personnage prononce pour ouvrir une porte, « Llanfa irpwllgwyngyllgogerychwyrndrobwllllantysili ogogogoch », est le nom d'un village gallois, le plus long nom d'une localité du Royaume-Uni. Les deux petites filles qui agressent Barbarella avec des poupées dentées portent les noms de « Stomoxys » et « Glossina », deux espèces de mouches. Elles ressemblent à des jumelles ayant posé pour Diane Arbus. La liste est longue. *Barbarella* est un film de bagatelles.

Vadim et Jane se sont installés dans une maison romaine antique, une tour fortifiée en ruine, remplie de chouettes et de chauves-souris. Autour, la campagne, aqueducs, statues, troupeaux de moutons… L'écrivain américain Gore Vidal passe dîner le soir. John Phillip Law, qui tient le rôle de l'ange Pygar, dort là. Les stars de passage en Italie viennent dîner. Tous les matins, Vadim et Jane partent à Dinocittà. Dans cette zone vide, entre campagnes et terrains vagues, au sud de Rome, Dino de Laurentiis a fait construire ses propres studios, pour rivaliser avec Cinecittà. Dans ce qui est aujourd'hui un parc d'attractions sordide ont été tournés *La Bible* de John Huston, *Guerre et Paix* de King Vidor ou *La Voce della Luna* de Federico Fellini. Mais *Barbarella*, c'est aussi quelque chose. Une armée de machinistes monte les décors pendant des mois.

Vadim est heureux. Il réalise son rêve de gosse, un film de science-fiction. Et il est le maître d'un tournage immense, d'une usine à 9 millions de dollars de budget. Et il a Jane. Il la déshabille, lui fait retirer gants, puis combinaison devant la caméra pour la séquence de générique. Lui assure que les lettres des noms de l'équipe masqueront ses seins ou son sexe, et tient sa promesse. Pour les scènes où Barbarella doit voler dans les bras de l'ange, est conçu un immense bras métallique qui les soulève dans les airs. La peau frotte contre l'acier, la construction comprime le corps de Jane et de John Phillip Law. Ils n'arrivent pas à respirer, c'est une horreur. Pendant de longues semaines, Jane endure, veut être à la hauteur. Vadim lui suggère de boire un peu, pour les scènes compliquées. Pas de se jeter dans l'ivresse, mais un petit rien, de quoi être plus légère, plus gaie. Ça ne suffit pas toujours, et elle prend une amphétamine de temps en temps. Elle a du mal à aimer le film, d'autant que Vadim s'écroule parfois, ivre, et ne peut pas travailler. Lui qui a l'alcool si mondain, qui peut descendre des bouteilles de vodka une soirée et ne toucher à rien pendant des semaines, boit trop. Elle panique. Et veut être à la hauteur, encore et toujours. Et devient Barbarella, ce personnage sexy et naïf. Elle est en costume d'astronaute et cuisine des spaghettis pour les enfants. Vadim rajuste son casque. Il joue avec elle. Elle est sa poupée. Encore une dernière fois. La pop est passée par là. Barbie n'est plus une mère de famille ou une pin-up, c'est une aventurière de l'espace. Barbie-rella.

À Rome, Vadim se fatigue, épuise les autres. Jane commence à se demander où va son couple. Il dessine des décors étranges, surréels. Dans la cabine du vaisseau de son héroïne, il fait installer une reproduction d'*Un dimanche après-midi à l'île de la Grande-Jatte*. Une peinture du XIXe dans une navette de l'an 40000, quelle idée. Des tubes de Plexiglas permettent d'accéder d'une pièce à une autre, comme si les humains étaient des messages pneumatiques. SoGo est éclairé de rayons verts, pastels, de parois de verre. C'est chargé, lourd. Vadim rêve un monde. Et rêve une femme, habillée par Paco Rabanne d'une cotte de mailles à jupon d'acier. Il filme ce monde-fantasme. Les rêves érotiques, les filles d'un soir, les séries de science-fiction, en BD ou en roman de gare. Quelque chose aux murs flous et doux, comme les draps de fourrure de Barbarella, ou ceux dans lesquels posait Bardot. C'est un pur spectacle, léger, drôle, sexy et pop. « Le film le plus coquin de l'année », dira *Penthouse*. Enfin, il a rattrapé son retard, ces quelques secondes à sa montre qui le mettaient en décalage avec son époque. Il a ajusté le tir. Tout roule. Vadim est fier, il est redevenu celui qui offre au monde un miroir embellissant. Vadim a donné la Juliette d'*Et Dieu... créa la femme* aux fantasmes des hommes, puis Annette dans *Les Liaisons dangereuses*, Geneviève dans *Le Repos du guerrier*. Voilà Barbarella, qui vous est offerte, amusante et mignonne, sur un plateau futuriste.

Mais non. Le temps passe si vite, surtout dans ces années soixante. Tandis que Vadim est à Rome, Stanley Kubrick travaille au montage de *2001 : l'Odyssée de l'espace*. De la science-fiction, mais à l'inverse de *Barbarella*. Pure, intello, insondable aussi. Des blocs de pierre qui tombent sur des hommes des cavernes, des intérieurs XVIIIe blancs et épurés, éclairés par un sol comme celui d'une boîte de nuit, un ordinateur qui parle, et qui a des émotions. Le film de Kubrick sort en avril 1968. *Barbarella* en octobre. Ce monde, doucement excitant, pas très subtil, cette série B sympathique où on rêve de machine à orgasmes et de saphisme spatial, est mort-né. Le pop n'est plus rien, et certainement pas l'avenir. Le Vietnam, la révolution de mai en France, les goulags, le coup de fusil tiré par Valerie Solanas sur Andy Warhol… la machine à rêves de Plexiglas et de minijupes ne marche plus. Elle est comme ces fioles de parfum qu'on garde longtemps, et qui se mettent à sentir mauvais, mais dont on reconnaît les effluves originels dans leur odeur exagérée. Il faut passer à autre chose. Jane y pense. Vadim contourne le problème. Le monde change. Il sera plus réel.

Apparition

Elle essaie de prolonger la fête. Elle ne veut pas que ça s'arrête. Anita Pallenberg est mannequin. C'est la fille du rock'n'roll. Dans les loges des concerts, en studio photo. Une frange blonde qui lui tombe sur le visage. Une moue comme Bardot, mais plus méprisante, moins accessible. Chemises à fleurs, minijupes, manteaux de fourrure qui forment un cocon aux montées de speed. Dans la rue, on se retourne sur elle. Elle est belle à faire peur. Vadim lui a demandé d'être la Reine noire. Dans *Barbarella*, elle a les cheveux bruns. Elle lance à Jane, des couteaux à la main, « *Hello pretty pretty* ». Elle s'amuse à être diabolique, elle joue à être une star. Elle s'en fiche, de Vadim et du cinéma. La seule chose qui compte, c'est d'aller faire la fête avec les Rolling Stones, rencontrés il y a quelques années dans un pub. Elle a couché avec Brian Jones et Keith Richards, devenu son compagnon. Jones est mort. Mais Mick Jagger et Keith sont venus à Rome, avec Marianne Faithfull. Stash de Rola, prince Stanislas Klossowski de Rola, baron de Watteville, les a tous invités à dormir à la villa Médicis, que dirige son père, Balthus. Le « prince pop », qui met des manteaux de kangourou et passe ses nuits avec le Swinging London, les reçoit comme s'il était à demeure dans ce temple de la République française. Anita tourne ses scènes et les rejoint. Elle prend de l'opium et traîne avec des artistes underground, se fait embarquer par les flics qui la prennent pour un travesti et la mettent au cachot avec une dizaine de messieurs en bas résille. À la villa Médicis, ils se défoncent sur la pelouse, prennent des acides et courent entre les statues, remontent les marches de la place d'Espagne. Ils font la même chose à Marrakech, Londres, New York ou la villa Nellcote, à Villefranche-sur-Mer. Ils n'ont pas encore assez profité de tous les rêves offerts. Il n'y a pas de raison de s'arrêter.

Harem à Hollywood

Les affiches sont encore sur la barrière, sur les murs de la maison, même sur le toit. « Libérez Bobby ». Bobby Seale, le cofondateur, avec Huey Newton, du Black Panther Party. Jane les a placardées méthodiquement, à chaque retour de réunion politique. Ça ne sert pas à grand-chose. Ceux qui passent devant la villa de Malibu partagent les mêmes avis, ou bien s'en fichent complètement. Le vent du Pacifique les a arrachées et a effacé des lettres. Les slogans sont devenus illisibles, les visages photocopiés se voient amputés d'un œil, d'un nez. Vadim n'a rien décollé. Ni l'envie, ni la foi, ni même l'utilité. Et puis, elle pourrait revenir, qui sait ? Où est-elle, d'ailleurs ? Dans une réserve indienne, à un meeting pour les droits civiques ? Ou dans une université, participant à une manifestation contre le

Vietnam ? Vadim ne sait pas. En tout cas, elle n'est pas là. Il traîne à Los Angeles, s'occupe de Vanessa, née le 28 septembre 1968.

La maison de Malibu est pleine de monde, comme d'habitude. Sur la terrasse, on fait la sieste sur les matelas gonflables. Il y a des dizaines de personnes. Il ne les connaît pas toutes, mais ça n'a pas d'importance. Des jeunes acteurs ou actrices, des journalistes, des amis. Pas trop de hippies, c'est un peu fini. Plutôt des jeunes en jean, des filles en tee-shirt blancs qui veulent faire du cinéma. Mais comme ils le veulent, à leur rythme, avec des films qui leur ressemblent. Warren Beatty passe souvent. Il drague des filles, comme d'habitude. Il a même une technique pour celles qu'il ne connaît pas, mais qui sont au courant de sa réputation d'une fille par soir. Il leur dit qu'il est devenu abstinent, ou qu'il a perdu goût à la chose et qu'il ne sait pas comment faire. Le monde à l'envers. Et ça marche chaque fois, la fille repart avec lui. L'innocence est encore là.

Vadim est heureux d'être à Hollywood. La France, il en a marre. Le fisc lui réclame trop d'argent. Alors, c'est une nouvelle vie. Plus dure sans doute, c'est l'Amérique, il faut être efficace. Mais ça lui va, recommencer presque à zéro. Il a bazardé des engagements avec la Paramount et la MGM à qui il devait des films, travaille sur autre chose. En 1970, les studios américains sont perdus. Presque plus aucun film d'envergure ne se tourne à Hollywood. L'âge d'or est bien fini. On vend les décors des superproductions quand on ne les détruit pas. On ne sait que faire des hangars de costumes de péplums ou de films noirs. Les studios débordent de machinistes et d'assistants qui errent, travaillent en groupe de quatre ou cinq à une tâche qui n'en nécessiterait qu'un seul. Vadim a saisi le changement. En 1967, il avait vu *Bonnie & Clyde*, avec Warren Beatty. La même année, il y eut *Le Lauréat*. Et puis, deux ans plus tard, Peter Fonda a organisé une projection d'*Easy Rider* pour son père et sa sœur, et pour Vadim. Henry n'a pas compris le film de son fils, et Jane a été désarçonnée. Vadim est malin, il a vu qu'une ère inédite s'annonçait. Un Nouvel Hollywood. Et il veut en être. Il veut toujours frôler le moment.

Les filles des années soixante sont fatiguées. Elles ont trop dansé, trop plané. Les minijupes ne protégeaient pas grand-chose. Elles ont beau n'avoir même pas trente ans, elles sont vieilles, dépassées. On les recroise parfois, dans une fête ou ailleurs. Le regard est délavé. Ce n'est pas seulement la drogue. Les rêves se sont effilochés. Edie Sedgwick, par exemple. Vadim l'avait vue à New York. La perfection, la folie. À peine sortie de l'adolescence, la riche héritière s'était mise à traîner avec Warhol, était devenue son double, les mêmes cheveux platine, le débit vocal étrange, l'allure de serin. Au Max's Kansas City, on ne voyait qu'elle. La vraie it-girl, qui ne fait rien mais qui est tout. C'était comme Annabel Schwob, Juliette Gréco ou Sagan qui dévalaient la rue Saint-Benoît, Brigitte dans les rues de Saint-Tropez ou Annette via Veneto. Edie s'est droguée, a tout raté, sa carrière de mannequin, sa vie mondaine, amoureuse. Elle a perdu l'enfant qu'elle portait de Bob Dylan. Et elle est là, défoncée, devant lui, les cheveux longs, bruns et sales, une tunique à fleurs tristes sur le corps malade et sanglé à un lit d'hôpital. Sur sa tête, un appareil à électrochocs. C'est pour de faux, pour un film, *Ciao Manhattan*, de John Palmer et David Weisman. Un mélange d'images d'archives de l'Edie Sedgwick du New York des sixties et de la même, quelques années après, junkie vivant au fond d'une piscine vide de Californie. Vadim joue un tout petit rôle, le médecin qui lui administre les électrochocs qui la rendent cinglée. Il achève ainsi les sixties, ces filles-là qu'il avait adorées, et qui l'ont dépassé. Elles étaient plus belles, plus glamour que les hommes. En ce début des années soixante-dix, il faut leur faire payer, leur rappeler qui est aux commandes. *Ciao Manhattan* sort en 1972, Edie est morte l'année précédente. Et Vadim vit de la rente, maigre mais essentielle, de ceux qui ont survécu.

La MGM lui a proposé un film. Une adaptation d'un livre de Francis Pollini, *Pretty Maids all in a Row*, dont le scénario a été travaillé par Gene Roddenberry, futur créateur de *Star Trek*. Dans un lycée de Californie, un élève timide, et ce particulièrement avec les filles, découvre le cadavre d'une de ses condisciples dans les toilettes. Alors que l'enquête sur l'identité du meurtrier peine à avancer, le charisme du directeur des études ne faiblit pas auprès des jeunes filles, qui défilent dans son bureau pour coucher avec lui. L'élève timide se fait prendre en main par une professeur très sexy, avec qui il couche.

Dans le rôle du conseiller d'éducation pervers polymorphe, Rock Hudson, que l'Amérique pense encore hétérosexuel. Pour la prof sexy, Angie Dickinson, la jeune fille de *Rio Bravo* devenue quadragénaire. Vadim croit-il en ce film ? Oui, comme chaque fois. Pour chacun, il se dit que ce coup-là sera le bon. Le film démarre par des plans de fesses des jeunes filles, comme pour *Et Dieu... créa la femme*. Et c'est parti pour d'autres images de demoiselles, blanches, noires, asiatiques, qui passent les unes après les autres dans les bras musclés et poilus de Rock Hudson. Pour les scènes où Angie Dickinson et son étudiant couchent ensemble, Vadim joue le remake du *Lauréat*. Le film de Mike Nichols est sorti quatre ans plus tôt. Mais un monde a changé : les mœurs. Vadim filme ce qu'il pense encore être réel. Et Hollywood est trop perdu, la MGM fait les choses à l'ancienne. Elle orchestre une campagne de promotion. Vadim et son gynécée. Les presses américaine et française publient des photographies de ce harem supposément moderne. Les filles sourient, et courent sur la plage de Malibu. Elles entourent Vadim, l'enlacent, ne portant qu'un simple tee-shirt. Sur certaines, on lit « *Vadim is beautiful.* » Sur d'autres, « *Vadim is ugly* ». Vadim est beau, Vadim est monstrueux. Il pose entouré de jeunes femmes dans un grand studio blanc. Elles sont cinq, toutes nues. Au premier plan de l'image, on voit un sein de profil. Lui est en jean blanc, chemise en jean ouverte. Elles sont recroquevillées, craintives, et Vadim a le regard fier. Sur l'image, on ne voit qu'une chose. À travers son pantalon clair, se dessine son sexe. Énorme. Ça l'amuse. Il n'est plus que ça, Vadim, The French Director who Invented Brigitte Bardot, Vadim, The Ladies Man, Vadim The Gallic Don Juan, The Casanova of Europe. Il y croit, à cette étiquette pop. Mais ça ne marche plus. Le film fait un flop aux États-Unis. En Amérique, les films des réalisateurs européens ne marchent plus.

Zabriskie Point d'Antonioni et *Model Shop* de Demy ont été des fours. En France, le film sort sous le titre de *Si tu crois fillette...* Là aussi, un échec. Dans sa critique, *Le Monde* a écrit : « Tourné en Californie, le film de Roger Vadim, *Si tu crois fillette...*, ressemble au champagne local : il pétille, mais n'a pas très bon goût. (...) Rendons-lui cependant justice sur un point particulier : les demoiselles qui papillonnent devant les caméras sont toutes plus affriolantes les unes que les autres. On ne trouve pas mieux dans *Playboy.* »

Apparition

C'est la plus belle fille de Manhattan Beach, dans le comté de Los Angeles. Pas très grande, brune, le visage d'une poupée. Au lycée, elle monte sur scène dès qu'elle peut, danse comme pas permis. Elle apparaît dans les shows télés. June Fairchild rêve d'être une star. C'est le lot de ceux qui grandissent à côté de Hollywood. Ils savent que ce cirque est réel. Et ils ne veulent pas se contenter d'avoir croisé une vedette à la plage. Elle tombe amoureuse d'un rockeur, Danny Hutton, trouve le nom de son groupe, Three Dog Night. C'est une fille des sixties. Elle part en tournée avec eux, prend des pilules, boit du whisky pour accompagner les garçons. Et elle fait du cinéma. Elle est la plus touchante de *Pretty Maids all in a Row*. À l'écran, c'est la plus innocente. Elle veut se démarquer des autres filles du harem. Mais n'est pas Roxelane qui veut. Elle tourne avec Clint Eastwood, Jeff Bridges. Les copines du lycée n'en reviennent pas. Elle rencontre même Mae West. Elle se défonce toujours plus. Dans *Up in the Smoke*, film sur la défonce californienne, avec les deux comiques Cheech & Chong, on la voit sniffer trois lignes d'Ajax en poudre, et se lancer dans une grimace terrifiante. Et puis encore plus de drogue. Et puis les appartements toujours plus minables, les motels pourris. Et puis les cartons de Skid Row, le quartier de Los Angeles où atterrissent les clochards, et les malades mentaux, virés des asiles qu'a fait fermer Reagan. La plus belle fille de Manhattan Beach n'a plus qu'un chat errant comme ami. Elle vend des journaux dans la rue pour se payer des nuits d'hôtel. En 2001, un reporter du *Los Angeles Times* retrouve l'actrice autrefois prometteuse, fait son portrait. Le jour de la parution, un policier lit le journal et la reconnaît. Il l'envoie en prison. Une condamnation à une peine de travail d'intérêt général, jamais accomplie, pour conduite en état d'ivresse. Elle arrête l'alcool, la drogue, se fait aider par des amis. Elle vit à l'hôtel, annonce à la télé qu'elle veut tourner de nouveau. Évidemment, ça ne marche pas. Qui voudrait d'elle ? Les motels d'un soir, l'amertume.

La plus belle fille de Manhattan Beach meurt en février 2015. Tout le monde n'avait pas droit au rêve.

« C'est érotique, ce que je fais là ? »

Elle arrive en faisant la moue. Mais ce n'est plus la même grimace, charmante et boudeuse. C'est la vraie tronche, qu'elle tire. Brigitte en a marre. Pourtant, autour, ça s'agite. Dix ans qu'ils n'avaient pas tourné ensemble ! Dix ans qu'on les associait encore l'un et l'autre. BB et Vadim, enfin réunis. Elle lui fait confiance. Au moins, elle pourra lui parler franchement si elle n'est pas à l'aise. Lui, il y croit, encore et plus que tout. Brigitte devant sa caméra, quinze ans après *Et Dieu... créa la femme*, toujours aussi libre, insolente, et belle. Oui, belle. Elle n'a pas encore quarante ans, mais le public la connaît depuis toujours. Il l'a scannée, analysée dans tous les sens. Alors, forcément, ça la vieillit. Le public est revanchard. Il joue au jeu des différences, va scruter, comme un chirurgien esthétique avide, la peau qui tombe, les rides qui se dessinent. Il ne veut pas voir le spectacle de l'idole qui prend de l'âge. Et Brigitte ne veut pas de ce regard accusateur, de ce monstre qui la scrute en permanence, et ose lui lancer qu'elle n'est plus ce qu'elle a été. Doucement naît l'idée d'arrêter. Mais elle fait quand même le film.

Vadim a eu l'idée du siècle. Enfin, ce qu'il pense l'être : Don Juan, ou si Don Juan était une femme... Il a lu, entendu, que les femmes avaient pris le pouvoir. Où et comment, il ne connaît pas les détails. Mais il est sûr de son intuition. Il faut filmer la femme comme il filmait l'homme avant. En un être changeant qui a tous les droits, en jouisseur avoué, en pauvre pécheur qu'il faut plaindre. Brigitte sera Don Juan 73. Il en est persuadé, ça va marcher. Elle qu'on a traitée de potiche, de ravissante idiote, va prendre sa revanche. Et lui, dont il sent que les trains de l'époque le dépassent, va prouver à la France entière qu'il sait encore saisir son temps. Qu'il est le cinéaste des plaisirs, de la liberté. Et il rouvre les portes de son lupanar géant, moderne et connecté. Brigitte vit dans un sous-marin parqué sur la Seine, elle séduit des hommes. Son cousin, un jeune prêtre, Matthieu Carrière. Un chanteur de rock, Robert Walker. Un homme d'affaires, Robert Hossein. Un conseiller d'État, Maurice Ronet. Dans les yeux de ce dernier, Vadim filme sa propre désillusion, le désir contemporain auquel il ne comprend plus rien.

« Je suis encore jeune », dit Brigitte. « Je suis encore belle », souffle-t-elle. Et elle marche dans le film, passe entre les hommes, les meurtrit, joue de leur amour. Il veut saisir le désir, montrer la femme. Il ne montre qu'une caricature, non pas de son temps, mais de lui-même. « Je suis encore jeune », dit Brigitte. « Je suis encore quelqu'un », nous souffle-t-il. Bardot est toute nue dans un lit, avec Jane Birkin. Ça va marquer les esprits, deux femmes aussi belles et aussi connues qui font l'amour. Ça les gêne toutes les deux, elles pouffent de rire. Il entraîne Brigitte dans un paquebot, dans une église, dans une chambre aux murs nus, dans une université suédoise, dans une maison abandonnée d'un terrain vague. *Don Juan 73* n'est pas le chant du cygne de Vadim, c'est le cygne assassiné, qui se décompose comme la charogne. Ce sont ses maisons de plaisir qui se délitent, ces filles qui lui ont échappé et qui tuent les hommes. Brigitte et Jane sont dans un lit et se demandent : « C'est érotique, hein, ce que je fais là ? » Même elles, même Vadim se posent la question.

Ce sera son nouveau chef-d'œuvre, sa manière de prouver au monde, avec éclat, qu'il peut recréer Bardot, prendre la même astuce qu'il y a dix-sept ans et marquer de nouveau son époque. Alors, il met la pression à Brigitte, lui fait recommencer les scènes, veut la guider, qu'elle s'exprime grâce à lui. C'est reparti comme en 1956. Mais ça ne marche plus. Le regard n'est plus le même. Et Brigitte est une star, une femme adulte. Parfois, ça repart comme autrefois. Elle est au beau milieu d'une scène, oublie le texte ou l'indication, et lui lance : « Comment je fais, mon Vava ? » Comme avant. À d'autres moments, c'est plus conflictuel. Il est dur avec elle. À *France-Soir*, il dira d'elle qu'elle était « assommante », « enfant gâtée » sur le tournage. « Mais c'est ma faute, je l'ai mal élevée », ajoute-t-il. Un jour, Bardot lui annonce qu'elle veut arrêter le métier. Elle l'a dit à d'autres gens, personne ne l'a crue. Pourquoi ferait-elle une chose pareille ? Mais Vadim sait qu'elle le pense vraiment. Elle prend sa décision pendant le tournage. Après *Don Juan 73*, elle ne tournera plus qu'un seul film, *L'Histoire très bonne et très joyeuse de Colinot Trousse Chemise*, principalement par estime pour la réalisatrice Nina Companeez.

Je vois *Don Juan 73* quarante ans après sa sortie, le 22 février 1973. Et je veux moi aussi y croire. Vadim commence à m'avaler dans son ralentissement. Bardot est magnifique dedans, et tout le reste ridicule. À part Ronet, peut-être. Le sous-marin où Jeanne vit, le reste des décors, les dialogues, tout cela m'amuse. Ces scènes, ce film sont comme une photo que l'on retrouve dans les archives familiales. L'image n'a pas de sens. On voit ses parents comme des jeunes gens, dînant à la table de leurs propres parents. Et on se dit qu'on ne comprendra jamais ces photos. Dans ces détails, le menu du jour, la marque des cigarettes écrasées dans le cendrier en verre poli et dont les volutes ont taché petit à petit les fleurs sur le papier peint, on ne voit plus que les restes. « Vadim est à l'heure juste. » La phrase retentit en moi devant le film. En 1973, l'interjection de Godard n'a même pas vingt ans, et elle est devenue fausse. Ce n'est pas seulement une question de succès en salles. *Don Juan 73* attire un peu moins d'un million de spectateurs appâtés par le slogan du film, par la présence de Bardot, par la promesse de Vadim. Ils en sortent déçus. Ils n'ont pour s'émoustiller que les images que le magazine de charme *Lui* a fait produire sur le plateau. Des instantanés supposément excitants de Brigitte et Jane. Le cinéma ne sert ici à rien, puisque les revues de charme sont là.

Surtout, Vadim n'a rien compris. Le 26 août 1970, neuf femmes avaient déposé une gerbe de fleurs place de l'Étoile en hommage à la femme du Soldat inconnu. En mars 1971, le Front homosexuel d'action révolutionnaire se constituait. En avril, le manifeste des 343, réclamant le droit à l'avortement, paraît dans *Le Nouvel Observateur*. Vadim a toujours été pour l'avortement et passe son temps à dire qu'il est pour la liberté des femmes. Mais il est à côté de la plaque. Dans les réunions du MLF, son nom est hué. Jane lui a dit à quel point les féministes le méprisent. Il trouve cela injuste. Vadim est détesté par les groupes féministes, mais il n'est pas l'homme à abattre, on ne fait pas de manifestations contre lui, ni même de tracts. Il n'en vaut pas la peine. Il est juste quelqu'un qu'on ne veut plus voir. C'est sans doute pire.

C'est cela, le plus étrange, voir que tout continue autour de vous. Que des films se montent, qu'ils sortent en salles. *Armacord*, *L'Exorciste*, *Soleil vert*, *La Nuit américaine*, *La Maman et la Putain*, *Chinatown*, *Une femme sous influence*, *Massacre à la tronçonneuse*, *Stavisky*, *Les Valseuses*. Le cinéma du début des années soixante-dix explore et explose tous azimuts. On en débat, on s'écharpe à son sujet. C'est un scandale, c'est un triomphe, c'est un chef-d'œuvre, c'est une daube. Le coup d'État au Chili, la révolution des Œillets, la fin des colonels grecs, l'élection de Giscard, la fin du Vietnam. Véronique Sanson, Abba, *Gigi l'Amoroso*. Des scandales, des drames. Vadim était un acteur, un témoin.

Le voilà devenu un spectateur. Le monde file. La comédie du couple séparé s'est achevée avec Jane. Ils ont divorcé officiellement le 11 juillet 1973. Il n'a plus beaucoup d'argent. Le coup de *Don Juan 73* n'a pas marché. Il continue à vivre, part à Saint-Tropez, retourne en Californie, voyage. Doucement, son nom s'éclipse. Il n'apparaît plus que dans les pages mondaines, les chroniques d'un monde lointain. On évoque son nouveau mariage, le 13 décembre 1975, avec Catherine Schneider, de la famille des maîtres des forges Schneider. Elle est belle, drôle et n'est pas actrice. En mai 1974, il a eu un nouveau fils, Vania. Être heureux, c'est ce qu'il sait faire de mieux. À Saint-Germain-des-Prés, Vadim était le figurant qui sortait du lot. Aujourd'hui, il est le personnage public qu'on remise au fond de la salle. Le nom de Vadim n'est plus qu'un moyen d'en aimanter d'autres, de ramener à lui un monde de fantasmes et de soirées vaguement mondaines.

Le Paris des rumeurs évoque son nom, quand le président Giscard d'Estaing a un supposé accident de la circulation avec la camionnette d'un laitier, au petit matin, supposément en compagnie d'une actrice. La voiture du président serait un bolide italien qui appartiendrait à Vadim... Tout le monde s'en amuse, chacun y va de sa version.

Mais il veut encore être quelqu'un, ce Vadim que la France redoutait. Alors, il fait ce qu'on attend de lui, il joue à être le démon du pays. En 1975, il publie une autobiographie, *Les Mémoires du Diable*. Ça marche, bien sûr. On parle du livre, on s'amuse des quelques anecdotes d'un monde qui paraît si lointain, de l'époque où Brigitte était actrice, Catherine débutante, Jane apolitique, de la guerre d'Algérie, du cinéma d'avant la Nouvelle Vague.

Le 12 juin 1972, au New World Theatre à New York, est sorti le film pornographique *Deep Throat*, de Gerard Damiano, avec Linda Lovelace. Quelques dizaines de milliers de dollars de budget, récupérés en quelques jours. Le film est un triomphe. Des millions en plusieurs mois. Des dizaines en quelques années. Le film envahit l'Amérique, le monde entier. Linda Lovelace devient une star. Bafouée, insultée, méprisée, mais une star quand même. Il aura suffi de ce film, et de quelques autres, pour que le porno imprime l'imaginaire collectif. Les studios hollywoodiens sont morts ? Et alors ? D'autres se créent à côté, spécialisés dans le film de cul. Les hommes du monde entier mentent à leurs femmes et entrent dans les cinémas pornos, les adolescents sèchent les cours et font mine qu'ils sont majeurs. Il aura suffi de quelques scènes, fellations et missionnaires, de dialogues crétins. Le porno a gagné.

La psyché contemporaine ne veut plus voir des jeunes femmes alanguies sur un lit, le corps nu recouvert par un drap transparent. Elle veut les voir gémir. Elles ont à peine vingt ans, mais les voilà ringardes, les filles légèrement vêtues de Vadim, les lycéennes de *Si tu crois fillette...* Elles n'ont l'air de rien, Brigitte et Jane, dans leur lit de plaisir. Ridicules aussi, les robes de Gwen Welles qui s'envolent avec le vent de la montagne dans *Hellé*, le corps de Sirpa Lane, allongé sur un canapé rouge dans *La Jeune Fille assassinée...* Vadim a beau essayer, ça ne marche pas. L'époque n'a plus l'air d'en vouloir, de cet érotisme-là.

Sauf que ce n'est pas tout à fait vrai. Quand sort *La Jeune Fille assassinée*, le 27 novembre 1974, personne ne va le voir. Les spectateurs sont ailleurs. Ils sont tous devant *Emmanuelle*, sorti en juin, le premier film de Just Jaeckin. Photographe, auteur d'un spot DIM, le trentenaire a signé son premier long-métrage, adaptation du roman d'Emmanuelle Arsan, musique de Pierre Bachelet, avec Sylvia Kristel. Quasiment 800 000 spectateurs en deux mois, rien qu'à Paris. Des filles toutes nues, dans une piscine à Bangkok, dans une villa exotique, dans un avion, dans un bel appartement parisien. Le film aurait pu être censuré, il aurait dû l'être. Mais VGE est devenu président, et un nouvel esprit flotte sur le cinéma. La France se libéralise, on ne censure plus. On interdit juste aux moins de seize ans les aventures de la jeune Emmanuelle sur son fauteuil en osier. Les cars de touristes se pressent devant les cinémas, les hommes y courent. Le porno arrive d'Amérique, fait trembler le gouvernement qui constate qu'un tiers des places de cinéma vendues le sont pour voir des filles nues. On vote une loi qui classe X tous les films de ce genre. Alors, le cinéma érotisant, comme il faut, devient un moyen de se rincer l'œil avec élégance. Just Jaeckin ne participe pas aux autres *Emmanuelle*, mais il signe notamment *Histoire d'O*, adaptation de Pauline Réage, et Madame Claude. C'est la réponse européenne à Linda Lovelace. Plus artistique, plus sage, plus raffinée. Plus Vadim, en fait. Vadim apprécie Jaeckin, il n'y a pas de rivalité. Il n'est simplement pas de la course. Il essaie, tout doucement, avec *Jeux érotiques de nuit* en 1980, notamment. Mais ça ne marche pas. Ce n'est plus Vadim qui doit batailler avec les censeurs, défendre les accouplements amoraux de certaines scènes, les accusations d'orgies. C'est Jaeckin et d'autres. Vadim, lui, ne sait plus faire.

Apparition

Elle a vingt-trois ans et les yeux tristes. En 1976, Sylvia Kristel est à Pouilly-sur-Loire et tourne *Une femme fidèle* avec Vadim, elle porte une robe du XIXe siècle et joue le rôle de Mathilde, une aristocrate vertueuse, face à une Nathalie Delon manipulatrice. Elle n'a fait que quelques films, mais elle doit se justifier. De ne pas être qu'Emmanuelle, d'être actrice, d'être habillée. Vadim est gentil avec elle, il est doux. Ils ont une très brève histoire. Il veut l'aider, comme les autres. Mais elle n'a pas eu besoin de lui pour devenir célèbre. Il y eut un concours de beauté, une agence de mannequins, quelques pubs, et puis la rencontre avec Just Jaeckin qui l'a choisie pour devenir Emmanuelle. Dans ses yeux, on voit qu'elle ne sait que faire de ce succès. À Pouilly-sur-Loire, les sourires des machinistes, elle ne sait pas comment les lire. Sont-ils tendres ? Se souviennent-ils de la scène dans la piscine, avec Christine Boisson ? Les deux, sans doute. Elle fait un film avec Vadim pour oublier Emmanuelle, ce rôle pour lequel elle n'a touché que 18 000 francs, sans aucun intéressement au bénéfice. Mais elle y retournera toujours. Jusqu'à la caricature, la méchanceté. En 1984, dans *Emmanuelle 4*, elle acceptera de jouer dans le segment d'introduction. Elle passe sous le bistouri d'un chirurgien brésilien, une sorte de Pitangy pygmaliesque qui la réinvente. C'est une jeunette qui la remplace dès la scène suivante. Sylvia Kristel connaîtra la drogue, la maladie, les amants qui la volent. Elle meurt en 2012. La première fois que j'ai vu *Emmanuelle*, adolescent, sur M6, j'avais été surpris par la scène de la cigarette en Thaïlande, et j'avais trouvé qu'elle avait les yeux tristes.

Réduction sur la légende

Et puis, un jour, tout est changé. On pensait que ce n'était qu'une mauvaise passe, l'affaire de quelque temps. Mais on s'y installe. Mieux, on s'en contente. Nos vies ressemblent à ces corps qui se réveillent d'une sieste dans laquelle on s'était enfoncé en mauvaise posture, la jambe contorsionnée, le bras étouffé par l'oreiller. Quand les yeux s'ouvrent, le corps est immobile, traversé de picotements. Mais il faut se lever, vivre sa journée. On tend le bras, on étire un muscle. La léthargie est agréable. Sans bouger, on contemple ce corps sans vie, et on se satisfait de cette douce apathie. Vadim ne veut plus courir, juste flâner, engourdi. Les films ne marchent plus depuis longtemps, les producteurs ne répondent plus au téléphone. La France ne veut plus de lui, et il ne veut plus d'elle. Le fisc l'a ramené en Californie, dans une maison près de la mer. Elle est plus petite que celle d'avant. Mais l'ambiance est douce, calme. En juin 1977, il a divorcé de Catherine Schneider et vit avec une jeune scénariste, Ann Biderman. Des chiens traversent le jardin. Vadim peint et dessine, des tableaux érotiques, des corps tracés sur le papier. On dirait du Bernard Buffet, ou des portraits de Bardot... Il les a exposés à Los Angeles, dans une galerie. Tout est parti. Des amis les ont achetés. Il fait ça pour s'occuper, se concentrer sur ces picotements reposants.

Parfois, il suffit d'un rien pour que tout s'emballe de nouveau, pour qu'il se dise pourquoi pas, essayons. Il est encore Vadim. En 1979, le président égyptien Sadate veut organiser un grand spectacle pour célébrer le deuxième anniversaire de son voyage à Jérusalem. Un show à l'américaine au pied des Pyramides, quatre heures dans un théâtre de 3 000 places construit pour l'occasion. Des troupes folkloriques égyptienne et israélienne. Le tout en Mondovision. Et c'est à Vadim qu'on demande d'orchestrer tout cela. Des vedettes sont censées venir : Sylvie Vartan, Omar Sharif, Bob Hope, Raquel Welsh, Frank Sinatra... La coproduction Sadate-Vadim n'aura jamais lieu. Trop chère, trop grandiose, grotesque dans un pays qui se prépare à de nouveaux bouleversements. Les Égyptiens auront pourtant droit à un concert de Sinatra, chantant devant les Pyramides, s'amusant avec les journalistes locaux de sa photo punaisée dans chaque pizzeria du Caire.

Mais, en ce début des années quatre-vingt, le plus grand drame de Vadim, c'est d'être lui-même. Ce pervers du passé, cette marionnette qu'on sort pour amuser et qui ne fait plus rire personne. On évoque ses femmes et ses films anciens. À chaque projet vaguement érotique, son nom circule. Et puis il disparaît. Et le film ne se monte souvent même pas. Les mâles dominants de l'ancienne école se serrent les coudes, se lamentent des femmes qu'ils disent ne pas reconnaître. Vadim sent bien que tout lui échappe, alors il dit n'importe quoi. Que le féminisme, ce n'est pas se laisser pousser les poils sous les bras, qu'autrefois, les filles étaient libres mais connaissaient leur place. René Chateau, le roi de la vidéo française, l'homme qui a amené les films de kung-fu et autres séries B aux spectateurs parisiens, ancien bras droit de Belmondo, avec qui il formait un couple hétérosexuel passionné, l'invite dans sa maison de Saint-Tropez. Le producteur veut faire de sa villa l'équivalent de celle d'Eddie Barclay pour le cinéma. Un monde où les hommes sont toujours ce qu'ils auraient été, une bande de copains qui traînent et regardent les jeunes filles. Ensemble, ils évoquent un projet : le *Kama Sutra*, avec Christian Marquand et Brigitte Lahaie, l'actrice pornographique de la fin des années soixante-dix. Vadim se renseigne, travaille au scénario, évoque l'idée d'un tournage aux Philippines. Mais ça ne se fait pas, comme d'habitude.

Christian est beau, si beau qu'il lui ressemble jeune. Il ressemble à sa mère, aussi. Il est étudiant en droit, à Tolbiac, et s'amuse comme on doit s'amuser à vingt ans. Vadim le regarde et se voit lui-même. Il a l'idée de le faire tourner. Écrit un scénario, *Surprise Party*. Une histoire mignonne, dans les années cinquante. Une jeune femme d'Amboise, qui mène une vie comme on en menait à l'époque, rêve de s'amuser, de courir elle aussi, comme ceux de Paris. L'amour est comme il était, discret et passionné. Débarque un jeune homme, Christian, dont les yeux doux et la taille haute affolent les filles. Vadim encourage son fils, qui accepte. Et le voilà, en 1982, à cinquante-cinq ans, à diriger une équipe de jeunes gens, actrices et figurants. Il y croit au départ, et Christian est touchant. Sur les images du tournage, ils se parlent tendrement. Mais à peine le tournage commence-t-il que la désillusion est là. Vadim est englué. Il est en retard sur le tournage, dirige les acteurs et l'équipe comme s'il s'en fichait. Il peut être toujours aussi doux qu'avant, tendre, mais souvent il s'absente. Les picotements reviennent. Les jeunes gens, tout heureux de participer à un film, sont désolés. Il a confié un petit rôle à Maurice Ronet, devenu ce double superbe et délavé. Ronet mourra en mars 1983, un mois avant la sortie du film.

Et pourtant, on en veut encore, de ce corps assoupi, de ce Vadim éteint. Au début des années quatre-vingt, c'est le temps des hommages. On se souvient du Tabou, d'Annabel, de Sagan et Blondin en bolides, des frites à trente francs de la place de l'Odéon. La télévision organise des soirées. Les magazines fêtent les anniversaires, jouent à « que sont-ils devenus ? » On les voit tous autour d'une table, et ils parlent, comme de bons petits soldats, alors que c'était bien tout ce qu'ils ne voulaient pas être, des soldats. Dans ces émissions de télé ou entretiens croisés, chacun de ces témoignages est touchant. Mais, mis tous ensemble, les Gréco, les Vadim et les autres, on se croirait dans une veillée funèbre. Trente ans ont passé depuis Saint-Tropez, depuis la rue Saint-Benoît. Une génération.

La jeunesse de Vadim est devenue un souvenir. Un modèle. Inconsciemment, les jeunes des années quatre-vingt se cherchent une filiation. Ceux des années soixante-dix, post-68, n'en voulaient plus, de ces grands frères qui leur avaient coupé l'herbe sous le pied. Mais ceux du Palace ou des Halles savent, dans leurs nuits camées, qu'ils en sont les filleuls. Des aînés de la rue Saint-Benoît des années cinquante, du Montparnasse des années vingt. Les ténors ne sont ni vaillants ni même présents. Mais on les aime quand même. On les regarde avec tendresse. Sagan est une formidable marraine des fêtards parisiens. Les minets des années quatre-vingt ressemblent à ceux du drugstore, des surprises-parties et des premières cigarettes. L'habit est différent (quoique), mais l'entrain est le même, et la tristesse camouflée. Est-ce moi qui délire quand je trouve que le Luchini qui danse dans *Les Nuits de la pleine lune* de Rohmer ressemble au Michel Subor de *La Bride sur le cou* ? Que Pascale Ogier est une apparition semblable à Juliette Gréco ? Que Christian Vadim, que l'on voit dans le même film de Rohmer, est le sosie de son père à la terrasse du Flore ? Qu'Elli Medeiros est Bardot ?

Mais ce genre d'accolades ne concerne qu'une coterie, une espèce qui sait tracer les axes de l'époque, trouver de la moelle dans le riff d'une guitare ou la coupe d'une robe. Car, ailleurs, le souvenir de la grandeur d'hier devient un modèle pour mieux critiquer le contemporain. Je me souviens de ma grand-mère qui s'offusquait de la tenue des rappeurs que j'écoutais, les jugeant honteux, alors qu'elle louait la bonne allure des Beatles. Ce à quoi ma mère ajoutait que, quelques décennies plus tôt, ma même grand-mère leur trouvait les cheveux horriblement trop longs. On conchie la jeunesse des années quatre-vingt. On la compare à l'ancienne, à celle de Saint-Germain-des-Prés, plus élégante. Dans *Le Figaro Magazine*, Louis Pauwels a décrit les jeunes gens modernes : « Les enfants du rock débile, les écoliers de la vulgarité pédagogique, les béats nourris de soupe infra-idéologique cuite au show-biz, ahuris par les saturnales de "Touche pas à mon pote". » Cette « jeunesse atteinte de sida mental » serait donc l'inverse de celle d'hier, qui riait mais n'était pas idiote. Les époques ont leurs commentateurs pour savoir oublier. Et leurs marionnettes pour témoigner. Dans *Match* ou ailleurs, Vadim publie des « Je me souviens » péréciens, il évoque la mémoire des Saint-Benoît-Tropez-Germain d'hier. Évidemment, c'était mieux avant. Pour lui, c'est indéniable.

Ça arrive à chaque commémoration ou hommage. On pensait que ce présent ancien resterait isolé dans le halo de la nuit passée avec untel, du rire de telle autre. Et on le voit avalé par tout le monde. Les figurants se vivent comme témoins. Ceux qu'on méprisait parce qu'ils n'étaient pas de la bande, qu'on n'invitait pas à la table, vous proposent de venir parler du bon vieux temps. Par vengeance d'avoir loupé le coche à l'époque, ils veulent réécrire l'histoire. S'inclure dans les décors. Jurer que oui, ils y étaient. Et le snobisme qui nous faisait vivre, qui était notre seule raison d'être, on ose le délaisser. On veut bien se rappeler le passé avec eux. Par lassitude, parce que ça prouve qu'on est encore là. Les noms propres de Saint-Germain-des-Prés sont devenus des noms communs.

Je repense à l'article du *New York Times* du 30 mars 1958, « France's Fabulous Young Five ». Les jeunes gens au succès agité ont vieilli. Bernard Buffet est détesté par les critiques, et peint dans son domaine du Var, de plus en plus affaibli par la maladie. Brigitte a quitté le cinéma et défend les animaux, partout dans le monde. Yves Saint Laurent défile toujours, mais il a oublié le soufre magique des années soixante et soixante-dix. Le Sida a tué ses amis. Il s'enferme dans son monde proustien avec son chien. Sagan n'a plus d'argent, ses proches disparaissent, la drogue est là, et à chaque texte, les journalistes lui repassent le disque de cette « petite musique » avec laquelle elle composait autrefois. À ces noms glorieux on fait payer le réel. Il fallait bien que ça leur arrive. On se moque de leur légende en faisant mine de la célébrer. Vadim ne devient plus que ce nom qui n'appelle qu'une énumération de femmes, une liste de lieux, de coucheries, de films. Il n'est plus à l'heure depuis longtemps. On ne le lui reproche plus, on trouve cela pittoresque.

Il en fait un livre. *D'une étoile l'autre*. Sa vie avec les plus belles femmes du monde, Bardot, Deneuve, Fonda. Annette a été complètement oubliée, il suit l'amnésie collective et la zappe de la couverture, elle ne ferait plus vendre. Des Mémoires sans grand intérêt, qui paraissent en avril 1986. Il y raconte tout, ou presque, règle quelques comptes, en égratigne certaines, en loue d'autres, invente aussi. Il a besoin d'argent. Vadim est pareil à un aristocrate désargenté qui courrait Versailles, ses actes de noblesse à la main pour prouver la gloire de ses ancêtres, la splendeur des batailles remportées par ses aïeux. Le livre sort aux États-Unis et il pose pour une photo de presse, devant les trois portraits de ses ex-compagnes, une liasse de billets de banque à la main. Cela amuse le lectorat américain, ces histoires de cul qui scandalisaient l'Europe et la faisaient rêver il y a peu.

En janvier 1987, Bardot et Deneuve l'attaquent en justice. Il perd, doit verser 60000 francs de dommages et intérêts à chacune de ses deux anciennes compagnes pour atteinte à l'intimité de leur vie privée. Dans *Paris-Match*, le 20 février, il leur écrit une lettre ouverte. « Chère Catherine, chère Brigitte ». Il y est odieux, évoque Jane Fonda qui n'aurait rien dit sur le livre, ni avant ni après la parution, preuve qu'elle est une vraie star. Il les compare à des princesses au petit pois. Il leur écrit, moqueur : « Prenez garde à la façon dont vous allez dépenser mes sous. Pas de bêtises, cette fois. Je tremble à l'idée que Catherine s'achète un nouveau manteau de fourrure et que Brigitte lui fasse un procès. » Et conclut : « De mon plateau de Hollywood, où tout le monde s'agite, où les acteurs me réclament, je prends le temps de vous dire, mes très colériques Galatée, que je vous aime tendrement. » Vadim ne s'était jamais défini en Pygmalion, voilà qu'il le fait. Rageusement, pathétiquement. En août 1987, suite à cette lettre, Bardot et Deneuve attaquent de nouveau en justice. Elles touchent 100 000 francs chacune de dommages et intérêts, le tribunal estimant que ce premier jugement a été déformé par Vadim dans sa lettre ouverte et qu'il a voulu ridiculiser les deux actrices. À la mort de Vadim, Brigitte Bardot dira qu'elle n'avait même pas lu le livre, et que cette procédure a été lancée par son avocat, le même que Catherine Deneuve.

Y croire encore une fois, rien que pour la forme. Par habitude ou nonchalance. Refaire un film, sans aucun désir. Mais faire semblant quand même. Les producteurs américains sont intéressés par un remake de *Et Dieu... créa la femme*. L'histoire d'une jeune fille qui découvre son désir, sa liberté, la filmer en train d'éclore au monde. Aux États-Unis, dans ces années quatre-vingt qui dégoulinent de partout, de Reagan, des corps qui s'exhibent, du mauvais goût qui phagocyte tout, de la réaction moralo qui fait son grand retour. Il veut montrer que c'est la même chose que dans les années cinquante, que les jeunes filles doivent retrouver le cran de ses héroïnes d'hier. L'action d'*And God Created Woman* se passe à Santa Fe, au Nouveau-Mexique. Elle n'a que très peu en commun avec le film de 1956, si ce n'est que Vadim filme une jeune femme qui veut changer de vie. Elle est prisonnière et veut s'enfuir. Elle se marie avec un homme pour pouvoir profiter d'une remise de peine et part vivre dans sa famille. Elle veut faire de la musique et lance un groupe de rock. Le nom, encore lui. C'est sur la foi du label Vadim, de l'étiquette *Et Dieu... créa la femme*, que le film s'est financé. Il veut changer le nom du film en cours de route. Sur le tournage, comme pour *Surprise Party*, il baisse les bras, fait le minimum. Je regarde le film et je m'endors au bout de quelques minutes, plusieurs fois de suite. Mais ça, ce n'est pas grave.

L'ennui, c'est que Vadim est évanoui. On ne voit sa patte nulle part, dans aucun plan. À sa sortie aux États-Unis en mars 1988, il ne suscite aucun autre intérêt que de racoler Vadim à ses wagons passés, et quasiment aucune entrée. Je ne trouve aucune trace de la sortie du film en France. Le nom de Vadim a ressurgi. Mais il n'est plus du tout le même, cette gloire s'entache du réel, de la nullité du film. Il a voulu provoquer de nouveau, a saupoudré le film de scènes dénudées. Ailleurs, chez d'autres cinéastes, on voit non seulement pire, mais surtout mieux. Vadim a l'amertume d'un enfant boudeur. Il rage de ne plus pouvoir jouer à son jeu, mais à peine le lui donne-t-on qu'il le casse.

Il faut se battre, ou lâcher prise. Tout au long des années quatre-vingt, Jane Fonda poursuit une nouvelle métamorphose. La voici qui dit à l'Amérique : « *Are you ready to work out ?* », dans chacune de ses vidéos d'aérobic, qu'elle vend par palettes. Catherine Deneuve tourne sans cesse, en France ou ailleurs. C'est la plus grande des stars. Annette Stroyberg a définitivement arrêté le cinéma, et voyage. Brigitte défend la cause animale. Les copains sont toujours là, mais ils fatiguent, s'enferment dans leurs personnages, à l'écran ou ailleurs… Après *And God Created Woman*, Vadim n'aura plus de films à l'affiche des cinémas. Avec ce faux remake, il ferme la boucle entamée en 1956. Il a transformé le coup d'essai en coup d'épée dans l'eau. La légende s'est tarie. Alors, il la brade. Réduction sur le glamour.

Le bonheur est passé ailleurs. En avril 1988, il est juré du Festival du film policier de Cognac. À la table des délibérations, Marie-Christine Barrault, l'actrice de *Ma nuit chez Maud*, de *Cousin, cousine*, de tant d'autres films et de pièces de théâtre. Il a soixante ans, elle en a quarante-quatre. Il vit encore avec Ann Biderman, elle est en couple avec Michel Boisrond. Ils s'aiment très vite. D'abord en secret, puis au grand jour. Ils voyagent, sont follement amoureux. Peu importent les films ou le succès, Vadim est heureux. L'époque a changé, le plaisir également. Fous rires dans leur appartement de l'île Saint-Louis, puis rue de Rivoli, chamailleries d'adolescents, mots doux et bouquets de fleurs permanents. Vadim et Marie-Christine s'aiment comme des gamins. Il n'y a plus de Ferrari, ni de Riva. Juste le bonheur de se balader dans le quartier de la Madeleine, de discuter avec le clochard ou la prostituée du coin, de passer des heures au bistrot avec des inconnus, les écouter raconter leur vie, les faire rire. Et surtout la douceur d'être avec Marie-Christine, de partir en Suède, de se retrouver après ses tournées et tournages. Ni l'âge ni l'engourdissement n'ont abîmé la fantaisie. Au contraire, ce rôle, ce nom de Vadim dont il fallait sans cesse satisfaire la gloire devenue ridicule, il le délaisse. L'argent n'est pas là, et alors ? Ils n'économisent pas, ont quelques soirées difficiles à se demander comment payer les traites. Il a une combine, comme toujours. Il découpe des journaux, les relevés des courses, fait des calculs compliqués et part au PMU avec une martingale. Et ça marche ! Presque toujours, il ramène de quoi sauver la mise. Avec elle, l'amertume s'estompe, Vadim sourit. Il a enfin trouvé la femme qu'il voulait, celle sur laquelle il pose des yeux amoureux, enthousiastes. Un regard d'adolescent, qui n'a rien à voir avec celui, professionnel, qu'il portait sur les autres. Le 21 décembre 1990, ils se marient. Ils achètent une maison en Savoie. Il écrit des chansons pour elle, la fait jouer au théâtre Édouard VII. Et dans des téléfilms, dont *La Nouvelle Tribu*, sur une famille recomposée… En 1993, il écrit *Le Goût du bonheur*, sa troisième autobiographie, la meilleure. Tout cela fait parler un peu, Vadim est à la télévision. Sur un plateau où ils sont invités, lui et sa femme, la journaliste l'interroge sur ses ex-compagnes. Il se perd dans les noms, et Marie-Christine lui lance, avec une douceur amusée : « Tu veux que je t'aide ? » La tendresse l'a emporté. Il faut beaucoup de bonheur pour savoir s'éclipser.

Apparition

Vadim a vu des dizaines de filles pour *And God Created Woman*. Chez Rebecca De Mornay, il y a quelque chose : elle calcule tout, a compris les ficelles de la séduction, des hommes, mais de la caméra surtout, de la machine aux vanités. C'est une fille de son temps, en maîtrise. Il l'embauche. Elle sera Robin, la nouvelle Juliette. Elle a un nom de star des années trente. Les cheveux blonds, le visage symétrique, droit, la taille haute, mince. Elle a suivi les cours de Lee Strasberg, a eu son tout premier rôle dans un film de Coppola, *Coup de cœur*. Presque une figuration, mais pour un premier tournage, c'est quelque chose. En 1983 un rôle face à Tom Cruise, dans *Risky Business*. Une amourette avec le demi-dieu trouble. C'est parti. Les premiers rôles, les soirées avec le Tout-Hollywood, les photos dans les magazines comme la nouvelle it-girl, les bonnes places dans les soirées de gala, les gens qui font la queue pour vous saluer. Rebecca De Mornay est une future star, c'est sûr. Bardot jouait à l'instinct. De Mornay est consciente de l'effet qu'elle produit. Dans *And God Created Woman*, elle donne tout ce qu'elle peut. Et elle écope d'une nomination aux Razzie Awards, les récompenses des films ou jeux les plus ridicules. Elle est furieuse. On ne pardonne pas un seul écart aux actrices. Rien ne va pendant quelque temps. La fille dans le vent est talonnée par d'autres. Et puis ça repart, le rôle de la baby-sitteuse machiavélique dans le thriller *La Main sur le berceau* en 1992. Et puis d'autres encore. Mais ça ne prend jamais vraiment. Elle tourne beaucoup, mais ne sera jamais une star. Des petits, ou seconds, rôles. Mais jamais la relève de Marlene Dietrich, Jean Harlow ou Grace Kelly. Aujourd'hui, elle est une actrice qui travaille à Hollywood. Sans plus. Ce n'est pas Vadim qui a brisé sa carrière, certainement pas. Rebecca De Mornay pensait qu'en étant parfaite, en programmant tout, ça marcherait. Elle avait juste oublié que la gloire naît dans l'accident.

Solution protéinée

Dans la villa de Saint-Cloud, les décorateurs ont tout arrangé. Ciré le parquet, épousseté les coussins sur les fauteuils, mis des bouquets de fleurs un peu partout. Aux murs, ils ont accroché des gravures et tableaux, ajouté quelques babioles de-ci de-là, pour donner l'illusion d'une maison confortable. Bourgeoise, sans doute, mais ouverte aux invités. On dirait le décor d'une série télé familiale. Mais la pression est partout. Ces derniers jours, les visioconférences avec New York se sont enchaînées. Il ne faut pas rater ce coup-là, surtout pas. En 1992, le lancement de Slim Fast en France est minuté, ajusté sans cesse. Tout doit être validé par la maison mère. Les femmes de France doivent, dans ces futures pubs, voir la solution à leurs hanches trop lourdes, à leur embonpoint qui les insupporte. L'enjeu commercial est trop fort : il faut les séduire sans les brusquer. Trouver le bon compromis entre le message rassurant et séduisant.

Marie-Christine Barrault a accepté. Ils ont demandé à plusieurs comédiennes, qui ont refusé. Ce n'est pas pensable, même contre de l'argent, d'aller raconter à tout le monde que le corps s'est empâté, que la jeunesse a passé. Mais elle a dit oui. C'est idéal. Elle est intello, a tourné chez Rohmer et ailleurs, mais les Français la connaissent, la reconnaissent. Ils l'apprécient. Elle est parfaite pour cette pub. Mais ce n'est pas facile de s'imaginer arriver sur un plateau devant une foule d'inconnus, et jouer cela, même si le tournage ne dure que deux jours. Alors Vadim réalise le spot. Pour la rassurer, pour ramener aussi un peu d'argent. L'agence de pub new-yorkaise, sa succursale parisienne, Slim Fast, ça convient à tout le monde. Pour une fois qu'une actrice ne vient pas avec une sangsue qui se prend pour un artiste, c'est formidable. Il n'est pas n'importe qui, donc c'est parfait. Un supplément d'art.

Le cahier des charges d'une pub est encore plus contraignant que celui du cinéma. Il y a les données techniques, mais surtout les demandes du client. Filmer comme cela. Utiliser telle caméra, et surtout pas telle autre. Faire des séquences de pile trente secondes. Mais trois secondes de plus, qu'est-ce que ça va changer ? Il s'empaille avec quelques personnes de l'agence. Il fait du cinéma, madame. Et moi de la pub, monsieur, et c'est moi qui vous paie. Alors, Vadim fait comme on lui dit. Il tourne les spots publicitaires, dans le salon bourgeois et dans le jardin d'hiver. Paris envoie les vidéos, et New York est rassuré. Quand il rencontre les Américains pour les derniers arrangements, il est l'homme que ces cadres de la pub et de la solution protéinée adaptée au régime minceur ne pensaient jamais rencontrer. Il est *The French Director, The Man Who Invented* Brigitte Bardot, Catherine Deneuve and Jane Fonda... Ça leur plaît. Ça marche toujours, ce petit jeu-là. Il est embauché pour faire la même chose, des spots Slim Fast avec des vedettes locales, en Italie et aux États-Unis.

Ces pubs Slim Fast, ce sont les premiers films de Vadim que j'ai vus. Bien avant que je ne découvre *Et Dieu... créa la femme* ou *Les Liaisons dangereuses*. Bien avant que je ne me dise que ce personnage inconnu pouvait être romanesque, magnifiquement ou piteusement. Bien sûr, je ne le savais pas, et personne d'ailleurs, la marque n'ayant pas communiqué sur sa présence au générique. Mais je les ai vus, à sept ans, à un moment entre le journal télévisé et la météo. Sur toutes les chaînes, la diffusion était massive. J'ai vu Vadim qui filmait les corps qui s'affaissent, les êtres qui disparaissent. À chaque coupure pub, les ménages français écoutaient Marie-Christine Barrault vanter ces produits. Ces mêmes sachets que ma grand-mère tapotait pour que la poudre tombe d'un coup dans le verre qu'elle allait remplir d'eau. Et qu'elle buvait, croyant que la mixture allait annuler les effets du temps. Cette poudre marronnasse que je goûtais un jour, trouvais ni bonne ni mauvaise, et qui s'apparentait à un Cacolac pour vieux.

Pourquoi est-ce que je mélange tout, le régime de ma grand-mère et les femmes de Vadim ? Pourquoi est-ce que je me suis retrouvé à mêler les mèches blondes de nos mères et celles de Catherine Deneuve, les désirs de nos pères adolescents et les actrices dénudées ? Pourquoi est-ce que j'aime tant ces choses-là ? Je ne me suis jamais remis des belles histoires, des contes et récits d'aventures. Je n'ai jamais voulu qu'ils aient une fin, ce moment où le gosse se fait sortir du halo et voit qu'il a été trompé, que ce n'était qu'une parenthèse pour qu'il s'endorme ou se taise. Enfant, je ne comprenais pas comment les moments minutieusement préparés depuis longtemps, soirs de Noël, anniversaires ou vacances, pouvaient s'entacher du réel. Depuis ma chambre, j'entendais ma mère s'habiller, se coiffer, se parfumer, les invités arriver, le lieu et le programme des réjouissances s'échafauder. Mais à peine les choses commençaient-elles que tout se gâchait par les conversations du quotidien, les détails de l'emploi d'un convive ou les soucis de voiture d'un autre. Ces êtres m'intéressaient, je les aimais. Mais j'aurais voulu que tout reste figé dans la perfection anticipée, que rien n'arrête les éclats désirés. Qu'on vive comme dans une image.

Je me suis soigné, j'ai grandi. Mais je n'ai pas oublié cette mélancolie. Je l'ai transférée ailleurs, dans le règne des images. J'aime le cinéma, parce que si, selon Truffaut, « les films avancent comme des trains dans la nuit », je peux courir à toute allure après eux et monter dans un wagon. Essoufflé, mais extatique d'être dans un monde où les jeunes actrices sont bouleversantes et où on rêve de les aider, où les jeunes premiers et premières sont des doubles magnifiés, où les décors de vaisseau spatial ou de maison de pêcheurs de Saint-Tropez sont nos foyers idéaux. Ces miracles athées, je les recherche dans les magazines, dans les vidéos que je regarde sur Facebook, dans les photos d'archives, dans le porno, dans les séries Z, partout. Je fouille encore et encore. Le monde des images est une mine découverte il y a longtemps, mais où on s'acharne à toujours trouver de l'or. Nous sommes nombreux à ne pas vouloir en sortir, à chercher des pépites. À essayer de décrypter le plan de la mine pour mieux s'y repérer. J'ai tout fait pour m'emparer de Vadim. Mais je n'ai pas voulu rendre mesquins les miracles qui se sont produits devant lui : Brigitte Bardot construisant sa splendeur devant le miroir de la rue Chardon-Lagache, Brigitte apparaissant réellement au cinéma nue sous le soleil du sud de la France et terminant sa carrière, réellement encore, dans les flammes de *Don Juan 73*. Ou Catherine Deneuve et Jane Fonda, transformé par le regard de Vadim en êtres de cinéma. Et toutes les autres comètes, oubliées parfois. Il n'y aura sans doute pas d'autre Vadim, cet être léger, magnifique et inconséquent. Il n'y aura plus cette pureté perverse. Par notre faute, nous, les orpailleurs de la modernité. À peine un espoir apparaît-il, jeune actrice, écrivain, peu importe, que nous nous mettons à scruter le coup de billard à trois bandes, le retour sur investissement, à anticiper la postérité. Nous avons perdu de notre innocence, de notre faculté à penser que les choses se faisaient parfois par simple désir ou envie subite. Nous avons trop raconté le making-of, les coulisses, les secrets de fabrication, pour penser que la simple recherche du bonheur suffisait. Je ne demande qu'à être mis en tort. Et je continue à chercher.

J'ai toujours rêvé d'avoir le sésame ultime, le mot qui me permettrait de tout comprendre, moi, et les autres. Enfant, je le réclamais. Dans le cabinet d'un psychanalyste, j'ai fait de même. Il m'a fallu du temps pour comprendre que cela n'existait pas, que je me devais de construire mes propres mots, d'en voler à d'autres, de me les approprier et leur donner le sens que je voulais. Nous autres, les enfants pop, détournons les noms communs et rendons intimes les noms propres. On passe nos vies à dresser un glossaire intime, un bestiaire. À faire rentrer Beyoncé, Belmondo ou Maggie Cheung dans notre matrice, à les attirer vers nous, appâtés par l'éclat de leur sonorité, la promesse qu'ils traînent. Roger Plemiannikov se faisait appeler Vadim, pour ses amis et amours. Vadim est devenu l'identité d'un jeune mondain, d'un homme qui vit son époque, qui l'incarne, qui en est la caricature. L'homme à l'heure. Et puis un homme qui retarde, qu'on oublie, qui devient une anecdote. Ce nom, étranger, fictif, commun, je le garde en moi.

Sans doute, je crois trop aux fantômes. Je les devine tous, flottant à nos côtés, nous qui pataugeons et cherchons désespérément de l'air. Ils se cachent dans un recoin C'est une certitude. Ils ressurgissent au moindre détail et viennent nous sauver de la mélancolie. Il suffit que le nom de Vadim résonne pour que j'entende le boucan d'un bar de Saint-Germain-des-Prés, le vrombissement des bagnoles qui font la course le long de la côte de Saint-Tropez. Pour qu'Anita Pallenberg, défoncée dans une rue romaine, m'entraîne, pour que j'entende l'accent anglais de Gillian Hills fredonner un air. Pour que Jane Fonda plonge dans l'eau de Malibu. Pour que je sois pris dans un fou rire avec Sagan. Pour que Marlon Brando se pétrisse les pieds à la table à côté de la mienne. Pour que le Riva tombe en panne et qu'on explose de rire. Pour que la gueule de bois soit aussi délicieuse que la nuit passée chez Castel. Pour que le plaisir soit sans remords.

C'est désormais à notre tour de vivre. De ne plus singer le passé. D'inventer nos propres boîtes de nuit, d'autres jeunes gens qui dansent, des films qui bouleversent le monde, des courses à toute allure, des Saint-Germain, Rome et Malibu. Mais il ne faut pas oublier les fantômes. Entre le réel et eux, je ne veux pas choisir.

Remerciements

À Marie-Dominique Lelièvre, formidable écrivain, qui, alors que nous venions à peine de nous rencontrer sur une plage de la baie du Mont-Saint-Michel, m'a donné l'idée d'écrire un livre sur Vadim, et a fait en sorte que cette idée devienne une réalité.

À Alice d'Andigné pour tout, son écoute, sa capacité à me faire croire que je pouvais écrire et l'élégance de sa confiance.

À Manuel Carcassonne pour son soutien.

À Brigitte Bardot, Marie-Christine Barrault, Hélène Plemiannikov et Christian Vadim pour avoir accepté, avec leurs mots et leur délicatesse, d'évoquer Vadim.

À la vingtaine de personnes ayant connu, croisé ou observé Vadim avec qui j'ai pu discuter, en personne, au téléphone ou par écrit, ainsi qu'à tous ceux qui m'ont aidé à les contacter.

Au service de documentation et à la rédaction en chef de *Paris-Match*, qui m'ont laissé un accès à leurs magnifiques archives.

À ma famille et mes amis qui ont supporté de m'entendre parler d'un livre qui n'existait pas.

À Alex pour ses relectures, et pour tout le reste.

Bibliographie

Pour la préparation de ce livre, j'ai puisé dans une vaste documentation, allant autant fouiller dans les archives de l'INA que dans celles d'une quantité de journaux : *Paris-Match*, *Le Monde*, *Libération*, *Le Figaro*, *The New York Times*, *The Sun*, *Lui*, *Les* Cahiers *du cinéma*, *France-Soir*, *Candide*, *Paris-Jour*, *Cinémonde*, *Le Matin de Paris*, *Paris-Jour*... Une liste exhaustive de toutes ces publications serait impossible.

Brigitte Bardot, *Initiales B.B.*, Grasset, 1996.

Marie-Christine Barrault, *Ce long chemin pour arriver jusqu'à toi*, XO Éditions, 2010.

Doan Bui et Isabelle Monnin, *Ils sont devenus français*, JC Lattès, 2010.

Candy Darling, *My Face for the World to See*, Hardy Marks Publications, 1997.

Jane Fonda, *Ma vie*, Plon, traduit de l'anglais par Marie-Hélène Dumas, 2005.

Maurice Frydland, *Roger Vadim*, Cinéma d'aujourd'hui, 1963.

Mario Gerosa (ouvrage collectif), *Il Cinema di Roger Vadim*, Edizioni Il Foglio, 2015.
Marie-Dominique Lelièvre, *Brigitte Bardot, plein la vue*, Flammarion, 2011.
Jeffrey Robinson, *Bardot*, L'Archipel, 1994.
Keith Richards, *Life*, Robert Laffont, 2010.
Darwin Porter, *Brando Unzipped*, Blood Moon Productions, 2006.
Annette Vadim, avec Henry-Jean Servat, *Les Liaisons scandaleuses*, Le pré aux clercs, 2004.
Roger Vadim, *D'une étoile l'autre*, Édition n° 1, 1986.
Roger Vadim, *Le Goût du bonheur*, Fixot, 1993.
Roger Vadim, *Mémoires du Diable*, Stock, 1975.
Ed Van Der Elsken, *Une histoire d'amour à Saint-Germain-des-Prés*, Aman Iman, 2013.

Cet ouvrage a été composé
par Maury à Malesherbes
et achevé d'imprimer en avril 2017
sur Roto-Page
par l'Imprimerie Floch
à Mayenne
pour le compte des Éditions Stock
21, rue du Montparnasse, 75006 Paris

Stock s'engage pour l'environnement en réduisant l'empreinte carbone de ses livres. Celle de cet exemplaire est de :
950 g éq. CO_2
Rendez-vous sur www.editions-stock-durable.fr

Imprimé en France

Dépôt légal : mai 2017
N° d'édition : 01 – N° d'impression : 90985
25-51-0653/7